GORDON RAMSAY

COZINHAR FICOU
fácil

com Mark Sargeant e Helen Tillott
Fotos de Jill Mead

COZINHAR FICOU
fácil

Ediouro

sumário

Introdução 8   café-da-manhã e brunch 10   isto sim é fast food 30   família e amigos 58

posh é chique 162   jantar a dois 196   cozinhando para um batalhão 224

no verão, churrascos 92   para crianças 112   bellinis e blinis 136

minha despensa e meus utensílios 244   índice 252   agradecimentos 256

Texto © 2005 Gordon Ramsay
Fotografia © 2005 Jill Mead
Design e layout © 2005 Quadrille Publishing Limited
Direitos de tradução cedidos à Ediouro Publicações Ltda., 2009

Editora: Cristina Fernandes
Assistente editorial: Marcus Assunção
Coordenadora de produção: Adriane Gozzo
Assistente de produção: Juliana Campoi
Tradução e edição: Esníder Pizzo
Revisão: Irene Incaó
Arte: A2

Todos os direitos reservados à Ediouro Publicações Ltda.
R. Nova Jerusalém, 345 - Bonsucesso
Rio de Janeiro - RJ - CEP: 21042-235
Tel.: (21) 3882-8200 - Fax: (21) 3882-8212/8313
www.ediouro.com.br

Dados Internacionais de Catalogação na Publicação (CIP)
(Câmara Brasileira do Livro, SP, Brasil)

Ramsay, Gordon
  Gordon Ramsay: cozinhar ficou fácil / Gordon Ramsay com Mark Sargeant e Helen Tillot ; fotos de Jill Mead ; tradução Esníder Pizzo. – São Paulo : Ediouro, 2009.

  Título original: Gordon Ramsay makes it easy
  ISBN 978-85-00-02475-7

  1. Culinária I. Sargeant, Mark. II. Tillott, Helen. III. Mead, Jill. IV. Título.

09-02806   CDD-641.5

Índices para catálogo sistemático:
1. Receitas culinárias : Economia doméstica 641.5

notas

Todas as medidas de colher são rasas, a menos que haja outra indicação: colher de chá = 5 ml; colher de sopa = 15 ml.

Todas as ervas são frescas e toda pimenta-do-reino é moída na hora.

O tamanho dos ovos está especificado quando se exige exatidão, caso contrário use ovos grandes. Se você estiver grávida ou pertencer a um grupo de saúde vulnerável, evite as receitas que contenham claras de ovos cruas ou ovos malpassados.

Meus tempos de forno são para fornos com ventoinha. Se você usar forno convencional, aumente a temperatura em cerca de 10°C. Veja como é seu forno e use um termômetro apropriado para checar sua precisão. Para facilitar o controle, os tempos de forno são acompanhados de descrição de cor ou textura do alimento, sempre que necessário.

Introdução

Cozinhar ainda me estimula e me seduz exatamente como quando abri meu primeiro restaurante, em 1993. Comida é algo sempre envolvente e eu adoro o desafio de criar novos pratos para meus fregueses. Entretanto, não sou fã de modismos ou de falta de espontaneidade. Prefiro mais uma saborosa torta de peixe feita em casa do que um monte de peixe afogado em um molho inidentificável. A qualidade dos ingredientes é o ponto alto para o sucesso de um prato, e sempre busco alimentos de produtores altamente qualificados. Em cada prato, eu me esforço para conseguir um balanço de sabores, realçando cada um dos ingredientes, sem mascarar ou destacar nenhum deles.

Cozinhar com Tana e a família abriu um novo mundo para mim. Acima de tudo, a comida é para ser desfrutada prazerosamente com a família e os amigos, mas em nossas vidas agitadas sempre temos pouco tempo para cozinhar. A solução é escolher pratos saborosos, feitos com os melhores ingredientes e preparados com simplicidade. Espero que você se inspire com este livro e use minha experiência para fazer coisas fáceis. Cozinhar e comer comidas fabulosas em boa companhia – seja uma refeição com a família, seja um churrasco com os amigos ou um romântico jantar a dois – é divertido e gratifica.

café-da-manhã
e brunch

Não há nada melhor do que um bom café-da-manhã para começar o dia. Adoro um tradicional *breakfast* inglês e acho que um *brunch* no meio da manhã é um combustível essencial nos restaurantes para levar o pessoal até o serviço do almoço. Tudo que se precisa é de comida nutritiva e fácil de fazer. O mesmo acontece em casa, onde estimulo a família a variar o café-da-manhã e dispor da maioria das frutas da estação. Também vale a pena provar o meu pão temperado como alternativa aos *croissants* ou torradas.

café-da-manhã no campo

Para 4 pessoas
200 g de batatas novas
sal marinho e pimenta-do-reino
4 cogumelos grandes aparados
4 tomates grandes cortados ao meio
1 colher (sopa) de manteiga, mais um pouco para untar
4 ovos caipiras
4 colheres (sopa) de creme duplo
1 colher (sopa) de óleo de oliva

Aqueça o forno a 200°C. Cozinhe as batatas em água salgada até ficarem tenras, depois deixe-as escorrer bem e esprema suavemente.

Ponha os cogumelos e os tomates em uma panela grande, salpicados com a manteiga e temperados com pimenta-do-reino. Tampe e deixe cozinhar devagar até ficarem macios.

Passe manteiga em quatro forminhas, quebre um ovo dentro de cada uma e despeje o creme por cima. Tempere com pimenta-do-reino e asse no forno por 5–7 minutos.

Enquanto isso, aqueça o óleo de oliva em uma frigideira pequena até ficar bem quente mas não fumegante, adicione as batatas e frite até que estejam douradas e crocantes.

Sirva as forminhas de ovos assados em pratos aquecidos, junto com os cogumelos, os tomates e as batatas.

kedgeree de salmão

Para 4 pessoas

375 g de filé de salmão sem o couro

1 colher (chá) de cúrcuma

225 g de arroz basmati enxaguado

uma pitada de açafrão

4 colheres (sopa) de óleo de oliva

100 g de tomates-cereja cortados ao meio

4 ovos caipiras

400 ml de caldo de peixe (aproximadamente)

2 cebolinhas ou chalotas picadas

75 g de manteiga sem sal em pedaços

3 colheres (sopa) de salsa picada

sal marinho e pimenta-do-reino

café-da-manhã e brunch | 15

Corte o salmão em pedaços, polvilhe com a cúrcuma e deixe marinar.

Ponha o arroz em uma panela com 500 ml de água quente, leve à fervura e deixe cozinhar por 7–8 minutos até que o líquido seja absorvido. Despeje em uma tigela rasa, polvilhe com o açafrão e reserve.

Aqueça 2 colheres (sopa) de óleo de oliva em uma frigideira e frite os pedaços de salmão por cerca de 1 minuto de cada lado, depois ponha para escorrer em papel absorvente.

Coloque os tomates na frigideira com mais 1 colher (sopa) de óleo de oliva e cozinhe, agitando bem, por 1 minuto. Reserve.

Cozinhe os ovos por 6–8 minutos. Descasque-os em seguida, corte-os ao meio e reserve. Leve o caldo de peixe à fervura numa panela e mantenha-o em fogo baixo.

Aqueça o restante do óleo de oliva em uma panela de tamanho médio e refogue as cebolas por 2–3 minutos até amolecerem. Adicione um terço da manteiga, depois o arroz e mexa bem.

Adicione uma concha de caldo e cozinhe até que o líquido seja absorvido. Continue a adicionar o caldo, uma concha de cada vez, mexendo sempre, até o arroz ficar cozido. Junte a manteiga restante e mexa.

Acomode o salmão no arroz, adicione os tomates, a salsa e sal a gosto e aqueça. Distribua em pratos aquecidos, adicione as metades dos ovos, polvilhe com um pouco de pimenta-do-reino e sirva.

kedgeree de salmão

café-da-manhã e brunch | 17

"Gosto de comer ovos mexidos cobertos com cogumelos fritos e tomates-cereja em rama"

ovos mexidos sublimes
NA TORRADA

Para 2–3 pessoas
6 ovos caipiras grandes
25 g de manteiga gelada cortada em cubinhos
1 colher (sopa) de creme de leite fresco
sal marinho e pimenta-do-reino
algumas cebolinhas cortadas
Para servir:
2–3 fatias de pão rústico, como o Poilâne

Quebre os ovos em uma panela de fundo grosso aquecida, coloque-a no fogo mais baixo possível e acrescente a eles metade da manteiga. Mexa os ovos frequentemente com uma espátula para misturar bem.

Quando clara e gema começarem a se misturar, adicione o restante da manteiga. Os ovos ficarão prontos em 4–5 minutos, quando deverão estar macios e bem encaroçados. Não deixe que fiquem muito quentes. Para isso, retire e recoloque a panela no fogo alternadamente.

Toste as fatias de pão dos dois lados enquanto prepara os ovos.

Adicione o creme fresco e tempere os ovos no último minuto, depois acrescente as cebolinhas cortadinhas. Coloque as torradas em pratos aquecidos, acomode os ovos mexidos sobre elas e sirva imediatamente.

bubble and squeak
COM HADOQUE DEFUMADO

Para 4 pessoas

550 g de batatas desirée descascadas

sal marinho e pimenta-do-reino

500 ml de leite

300 g de filé de hadoque defumado

180 g de repolho savoy picado

1 cebola picada finamente

3 colheres (sopa) de óleo

25 g de manteiga

Cozinhe as batatas em água salgada até ficarem macias, depois escorra e passe pelo espremedor (ou esmague bem). Reserve.

Leve o leite à fervura em uma panela pequena e então adicione o hadoque mantendo no fogo por 3–4 minutos. Retire a panela e deixe o peixe esfriar no leite do cozimento.

Afervente o repolho em água salgada por 2–3minutos, depois escorra e passe-o pela água fria.

Salteie a cebola em 1 colher (sopa) de óleo até que amoleça. Adicione a batata com a manteiga e o repolho, misture e tempere generosamente. Escorra e desfie o hadoque e incorpore-o à mistura de batata.

Aqueça o restante do óleo em uma frigideira antiaderente média. Adicione a mistura de batata e pressione-a para baixo com as costas de uma colher para formar um "bolo". Cozinhe por 10 minutos até que a base esteja bem dourada.

Vire o "bolo de batata" em um prato, coloque-o de volta na frigideira e leve ao fogo para cozinhar o outro lado por 5–7 minutos. Sirva imediatamente.

café-da-manhã inglês

Para 4 pessoas

4 colheres (sopa) de óleo e mais um tanto para fritar os ovos

4 ou 8 linguiças de porco de boa qualidade

4 fatias de chouriço (morcela)

8 fatias finas de *bacon* defumado

4 fatias finas de pão

4 cogumelos grandes aparados

1 punhado de tomates-cereja

sal marinho e pimenta-do-reino

4 ovos caipiras grandes (os de pato são ideais)

Aqueça o forno a 120°C e aqueça nele 4 pratos e uma travessa.

Aqueça 4 colheres (sopa) de óleo em uma frigideira grande, de fundo grosso. Adicione as linguiças e o chouriço e cozinhe devagar por 6–8 minutos para soltar a gordura. Aumente o fogo, adicione o *bacon* e cozinhe até que as linguiças fiquem amarronzadas. Transfira-as então para a travessa que está no forno.

Aqueça bem a gordura que ficou na panela (se for preciso, acrescente um pouco de óleo). Adicione as fatias de pão e frite rapidamente de um lado, até que fique dourado. Remova e seque com papel absorvente e coloque na travessa.

Abaixe o fogo e coloque os tomates e os cogumelos na frigideira. Tempere com pimenta-do-reino, tampe e cozinhe por 5 minutos.

Enquanto isso, aqueça um pouco de óleo em uma pequena frigideira. Quebre um ovo em uma xícara e despeje-o com cuidado na frigideira. Repita o mesmo com os demais ovos. Frite até que a clara fique firme.

Transfira os ovos imediatamente para cada prato aquecido e tempere-os com sal marinho e pimenta-do-reino. Junte as linguiças, o chouriço, o *bacon*, o pão, os tomates e os cogumelos. Sirva.

café-da-manhã inglês

"Adoro Nova York e as barracas de *bagels* frescos quentinhos, em cada esquina. É perfeito para um *breakfast* quando se está andando por aí. Salmão defumado e queijo cremoso podem ser o recheio tradicional, mas não há limites. Gosto também do frango defumado com rúcula, e da maionese de ovo com *bacon* grelhado"

bagel tostado
COM PRESUNTO SERRANO E TOMATES GRELHADOS

Para 4 pessoas
4 *bagels*
4 tomates-caqui grandes
pimenta-do-reino
um pouco de óleo de oliva
8 fatias de presunto serrano (ou similar)

Ligue o grill no máximo. Parta os *bagels* ao meio.

Corte os tomates em fatias de 5 mm, coloque-as na assadeira e tempere com pimenta-do-reino. Pincele as fatias com o óleo de oliva e coloque-as sob o *grill* por alguns minutos, até ficarem macias. Retire a bandeja.

Toste os bagels partidos no *grill* até ficarem crocantes e dourados de ambos os lados.

Coloque as bases dos bagels em pratos aquecidos, ponha as fatias de tomate sobre elas e depois as de presunto. Cubra com as outras metades dos *bagels*, formando sanduíches, e sirva.

pão temperado

Faz 10–12 fatias

manteiga para untar
3 ovos caipiras
50 g de açúcar mascavo
250 g de mel fino
125 ml de leite
125 g de farinha de trigo
125 g de farinha de trigo-sarraceno
1 colher (chá) do tempero em pó cinco-especiarias
1 colher (sopa) de fermento químico
raspas finas da casca de 2 laranjas

Aqueça o forno a 160°C. Unte levemente com manteiga uma fôrma de pão de 25 x 10 cm.

Bata juntos os ovos e o açúcar em uma tigela grande sobre uma panela com água quente, usando uma batedeira elétrica, até a mistura ficar amarelo-clara e espessa o suficiente para formar uma tira quando a batedeira é levantada. Tire a panela do fogo, mas mantenha a tigela sobre ela.

Amorne o mel e o leite juntos em uma panela pequena e, devagar, bata-os com o ovo batido com açúcar até que tudo fique uniformemente misturado.

Peneire as farinhas, o pó das cinco-especiarias e o fermento em uma tigela grande e, devagar, acrescente a mistura de ovos e depois as raspas de laranja.

Despeje a mistura na fôrma e asse por 35–40 minutos, até ficar bem crescida, firme ao toque e dourada em cima. Deixe o pão na fôrma por 5 minutos, depois vire-o em um suporte aramado e deixe esfriar.

Sirva morno, cortado em fatias. É melhor comer no dia em que é feito (qualquer sobra deve ser guardada no *freezer*). Fica delicioso com compota de cerejas (veja a página seguinte).

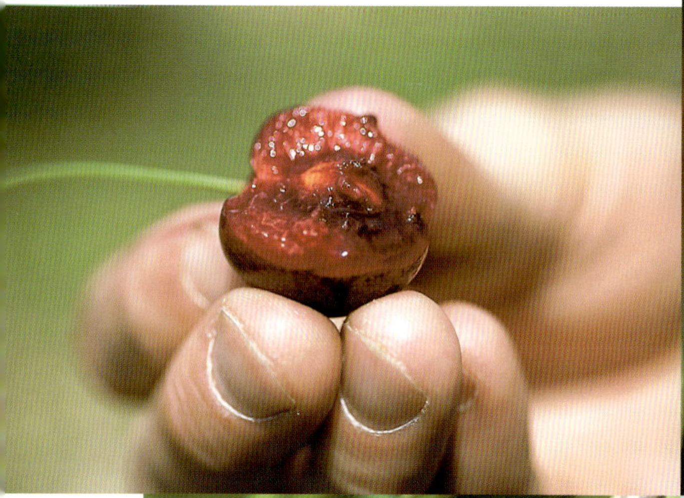

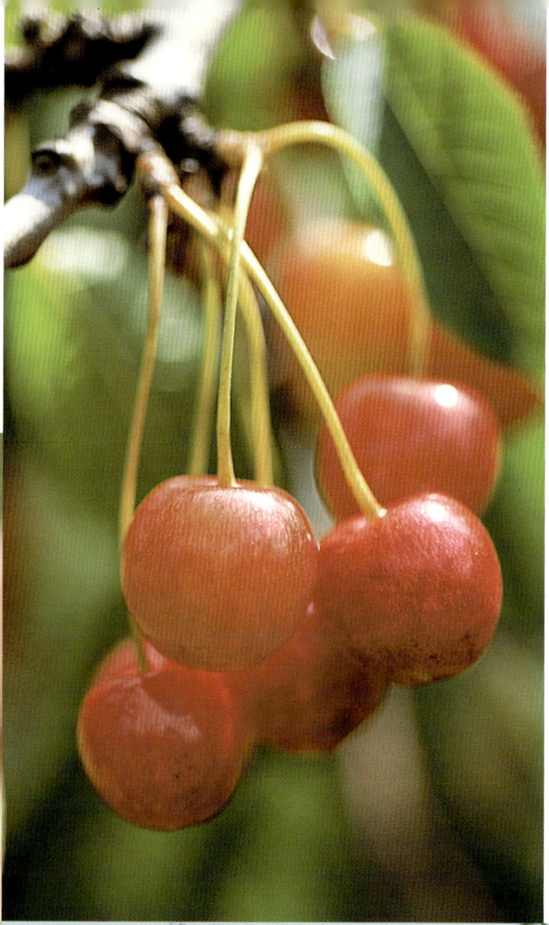

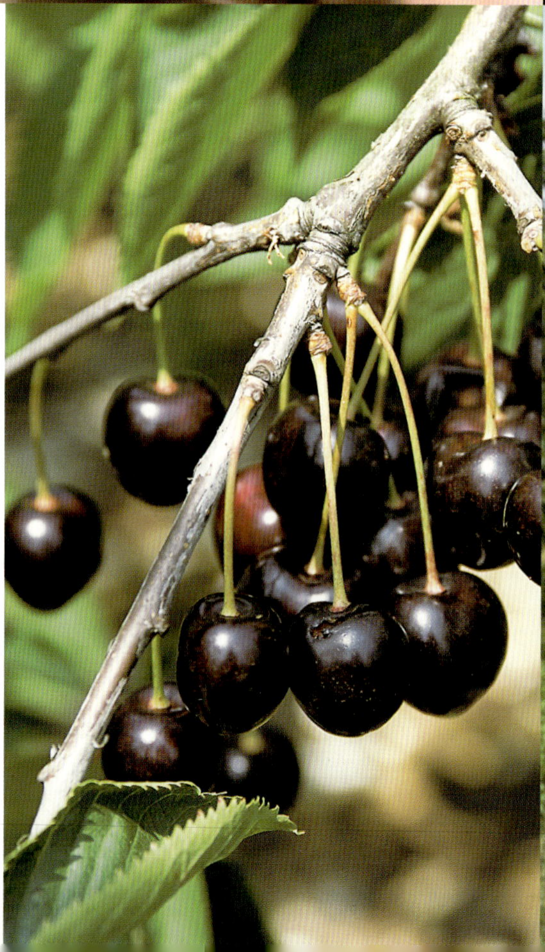

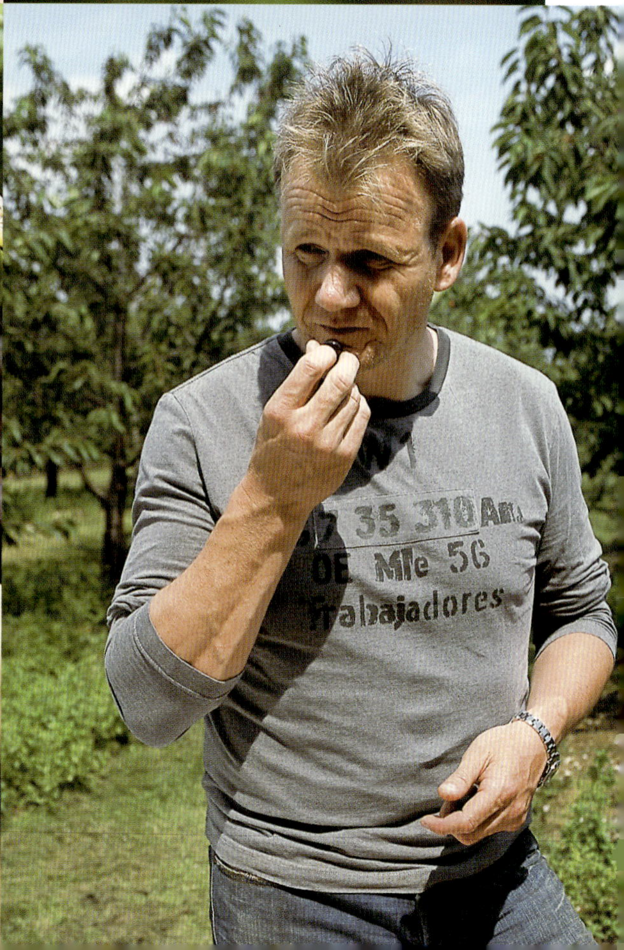
35 310
Mle 56
Trabajadores

café-da-manhã e brunch | 27

"Somos afortunados por termos frutas tão fabulosas na Inglaterra, que não entendo por que temos de trazer tamanha quantidade delas de fora em vez de aproveitar a maior parte da nossa produção. Provando as diferentes variedades de cerejas em um belo pomar de Kent, veio-me a inspiração para criar estas receitas simples"

compota de cerejas

Para 6 pessoas
1 kg de cerejas frescas
250 ml de suco de laranja fresco
100 g de açúcar
raspas da casca de 1 limão
algumas folhas de hortelã

Descaroce as cerejas e coloque-as em uma caçarola de aço inoxidável (ou em outro material não reativo), junto com o suco de laranja, o açúcar, a raspa de limão e as folhas de hortelã. Devagar, leve a mistura ao ponto de fervura e depois deixe cozinhar por 5 minutos, chacoalhando a panela de vez em quando para evitar que as cerejas grudem.

Despeje em uma tigela e deixe esfriar, depois tire as folhas de hortelã. Tampe e deixe na geladeira por mais de 3 dias, mas faça com que volte à temperatura ambiente antes de servir.

Sirva a compota com iogurte.

smoothie de banana e maracujá

Para 4 pessoas

4 bananas

4 maracujás, cortados ao meio

400 ml de iogurte natural gelado

100 ml de leite gelado

2 colheres (chá) de mel fino

Ponha as bananas no freezer por 1 ou 2 horas (As cascas ficam escuras, o que é bom.)

Escave a polpa dos maracujás e passe o conteúdo obtido por uma peneira diretamente para dentro do liquidificador. Descasque as bananas e adicione-as ao liquidificador, juntamente com o iogurte, o leite e o mel. Bata até obter um creme (*smoothie*), despeje em copos e sirva.

isto sim é
fast food

Agora, *fast food* é sinônimo de refeição pronta e entregue em domicílio, o que é uma coisa deplorável, já que há tantos alimentos frescos fáceis de preparar e de reunir em pratos rápidos – como as sopas, as omeletes, as saladas e as massas. Manter uma bem estocada despensa é a chave para fazer um ótimo *fast food*. Você vai ficar admirado ao ver como essas receitas são rápidas de preparar. No mesmo tempo que leva para esquentar um prato feito, você poderá servir uma sopa feita em casa, massas espertas ou um risoto cremoso.

sopa de brócolis

Para 4 pessoas

1 kg de brócolis
sal marinho e pimenta-do-reino
4 fatias de queijo de cabra macio ou 4 *baby chèvres* (pequenos queijos de cabra)
50 g de amêndoas ou de nozes picadas, ligeiramente tostadas
óleo de oliva extravirgem

Corte o brócolis em pequenos buquês. Ferva 800 ml de água salgada em uma panela, adicione o brócolis e afervente por uns 4 minutos, até que fiquem tenros mas continuem verdes e brilhantes. Escorra e reserve o líquido.

Bata o brócolis com uma parte do líquido do cozimento, o suficiente para encher a metade do recipiente do processador (ou liquidificador).

Reaqueça a sopa na panela. Ajuste o tempero. Ponha o queijo de cabra nos pratos de servir aquecidos e despeje neles a sopa. Polvilhe as porções com as amêndoas ou nozes e um pouco de pimenta-do-reino, borrife-as com o óleo de oliva e sirva.

vieiras crestadas e alface
NO PÃO RÚSTICO

Para 4 pessoas

óleo de oliva

16 vieiras de médias a grandes, sem as conchas e limpas

4 fatias grandes de pão rústico

manteiga

2 miolos de alface lisa, folhas separadas

suco de limão

óleo de oliva extravirgem

sal marinho e pimenta-do-reino

cunhas de limão

Aqueça uma chapa de ferro (ou uma frigideira) e unte com um pouco de óleo de oliva. Quando estiver bem quente, coloque nela as vieiras e cozinhe por 2 minutos, depois vire-as e cozinhe por $1-1\frac{1}{2}$ minuto.

Enquanto isso, toste as fatias de pão de ambos os lados até ficarem douradas. Passe um pouquinho de manteiga nelas enquanto estiverem mornas. Ponha uma fatia em cada prato.

Cubra as fatias de pão com folhas de alface e distribua por elas as vieiras grelhadas. Borrife-as com um pouco de suco de limão e de óleo de oliva extravirgem. Tempere bem com sal e pimenta-do-reino e sirva com as cunhas de limão.

"Eu admiro o padeiro tradicional. Depois de duas noites como padeiro, valorizei o cuidado que tem com todos os pães. Há muitos bons padeiros produzindo excelentes pães rústicos, então encontre um perto de você e evite a todo custo o pão branco"

"Este é um ótimo jeito de acabar com as sobras de barriga de porco assada (veja na página 80); você também pode comprar porco assado crocante (pururuca) já pronto"

sanduíche de carne de porco
COM PÃO SOURDOUGH

Para 4 pessoas
1 colher (sopa) de óleo de oliva, mais um pouco para untar
1 cebola roxa grande fatiada finamente
1 dente de alho bem picado
8 fatias finas de pão sourdough
1 miolo de alface com as folhas separadas
4 fatias de barriga de porco assada
sal marinho e pimenta-do-reino

Aqueça o óleo de oliva em uma panela de fundo grosso e salteie a cebola e o alho em fogo baixo por 5–7 minutos, até amolecer sem tostar.

Toste o pão devagar, dos dois lados. Ponha uma fatia em cada um dos quatro pratos, besunte-as com um pouco de óleo de oliva e acomode as folhas de alface sobre elas.

Ponha as fatias de porco sobre a alface e cubra com a cebola e o alho. Tempere com sal marinho e pimenta-do-reino e faça um sanduíche com outra fatia de pão. Corte ao meio e sirva.

wrap de tortilha
COM FRANGO E AVOCADO

Para 4 pessoas

3-4 peitos de frango caipira sem ossos
3 colheres (sopa) de óleo de oliva
suco de 1 limão
1 colher (chá) de cominho moído
1 colher (chá) de sementes de coentro moídas
1 cebola, grosseiramente picada
1 pimentão vermelho sem sementes e picado grosseiramente
6 tomates em rama cortados em quatro partes
8 tortilhas *wrap*
1 colher (sopa) de folhas de coentro picadas
2 avocados
125 ml de iogurte do tipo grego

> "*Wraps* são uma opção muito conveniente de *fast food*. Em lugar do frango você pode usar medalhões de tamboril ou de salmão"

Corte o frango em tiras finas. Em uma tigela, misture o óleo de oliva, o suco de limão, o cominho e o coentro moídos. Adicione o frango, mexa e deixe marinar por 2 horas. Aqueça o forno a 200°C.

Aqueça uma frigideira de fundo grosso ou uma chapa até ficar bem quente. Coloque o frango com a marinada, a cebola, o pimentão vermelho e metade dos tomates. Cozinhe por 4–5 minutos.

Embrulhe as tortilhas com papel-alumínio e aqueça-as no forno por 5 minutos. Adicione o restante dos tomates à frigideira, cozinhe por mais 2 minutos e espalhe por cima o coentro picado.

Corte os avocados ao meio, descasque-os e fatie finamente. Divida a mistura de frango entre as tortilhas mornas, adicione as fatias de avocado e uma boa porção de iogurte, depois enrole-as. Sirva duas por pessoa.

sardinhas frescas grelhadas

COM UMA SALADA DE BATATAS E CRÉME FRAÎCHE

Para 4 pessoas

12 batatas novas (pode ser a Charlotte)

4 colheres (sopa) de crème fraîche

1 colher (sopa) de suco de limão

2 colheres (chá) de cebolinha picada, mais um pouco para guarnecer

sal marinho e pimenta-do-reino

8 sardinhas frescas pequenas, limpas, sem espinha e abertas

óleo de oliva para untar

1 miolo de alface, folhas separadas

um pouco de vinagrete clássico

cunhas de limão para servir

Cozinhe as batatas com as cascas em água salgada até ficarem tenras. Escorra-as, ponha em uma tigela e amasse devagar com o dorso de um garfo. Deixe que esfriem. Adicione o crème fraîche, o suco de limão e a cebolinha e tempere com sal marinho e pimenta-do-reino.

Aqueça o grill no máximo. Disponha as sardinhas, com a pele para cima, em uma assadeira untada com óleo e grelhe por 2–3 minutos. Retire a assadeira do *grill* e tempere bem.

Disponha algumas folhas de alface em cada prato e coloque sobre elas a salada de batatas. Acomode as sardinhas, com a pele para cima, sobre a salada. Borrife-as com um pouco de vinagrete e sirva imediatamente, polvilhadas com um pouco de cebolinha e acompanhadas de cunhas de limão.

omelete aberta
DE SALMÃO DEFUMADO E CRÈME FRAÎCHE

Para 4 pessoas

6 ovos caipiras

sal marinho e pimenta-do-reino

1 colher (sopa) de óleo de oliva

25 g de manteiga

200 g de salmão defumado cortado em tiras

100 ml de *crème fraîche*

um pequeno punhado de cebolinha picada

Ligue o grill no máximo. Quebre os ovos em uma tigela, bata-os com um garfo e tempere com pimenta-do-reino.

Aqueça o óleo de oliva em uma panela de ferro, adicione a manteiga e deixe-a derreter. Aumente o fogo para médio alto e, quando a panela estiver quente, despeje nela a mistura. Deixe até os ovos começarem a solidificar. Então, com uma espátula de metal, puxe as bordas da mistura para o centro da panela.

Cozinhe por 30 segundos até que a base da omelete fique consistente (a parte de cima estará bem úmida), então ponha a panela sob o *grill* por 30 segundos ou até a omelete ficar com a parte de cima firme, mas não seca. Tire-a do *grill*.

Espalhe o salmão defumado sobre a omelete e depois o *crème fraîche*. Salpique com a cebolinha e tempere com sal e pimenta-do-reino. Solte as bordas da omelete e faça-a deslizar para fora da panela. Corte-a em cunhas e sirva-as imediatamente.

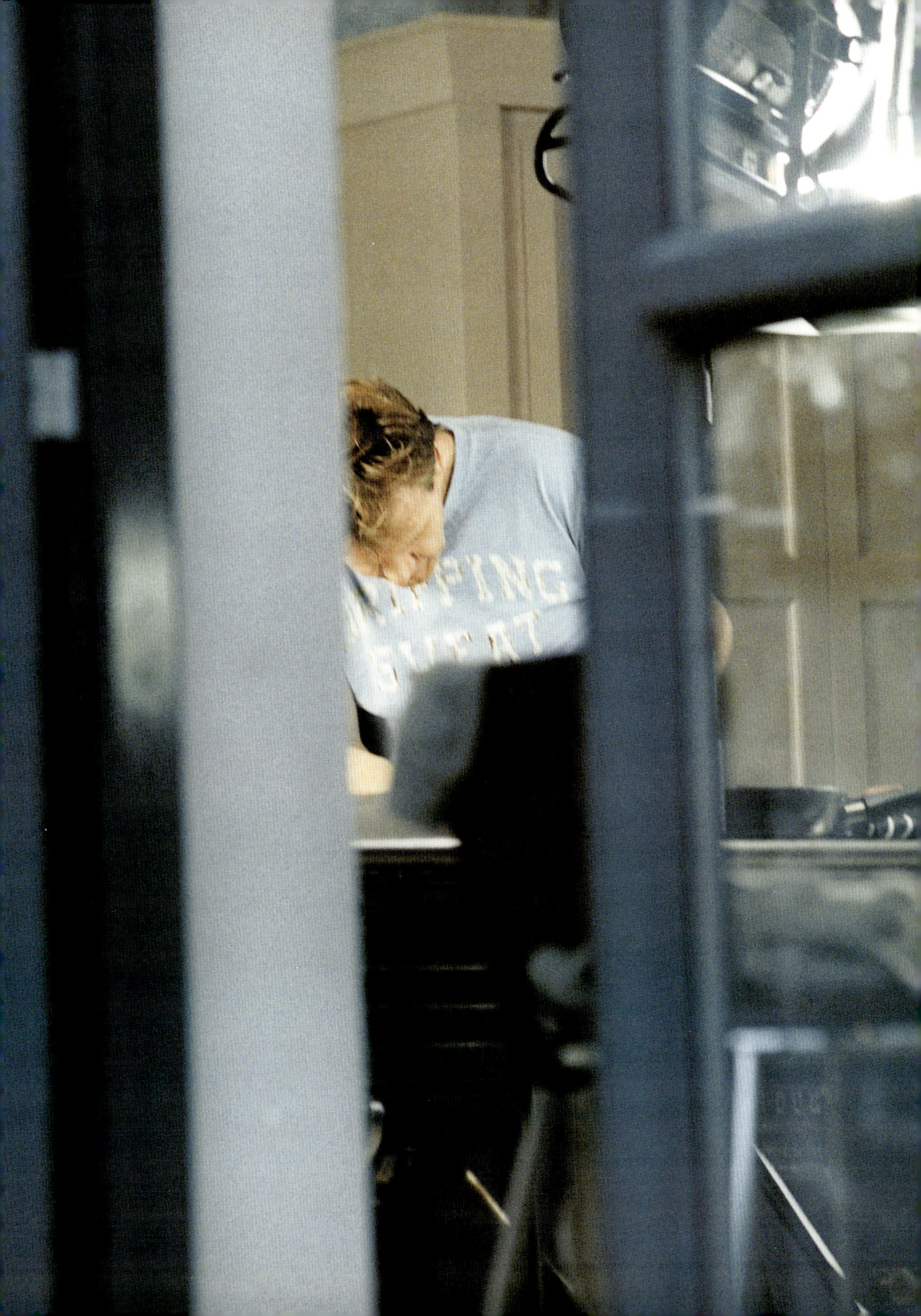

"Se não encontrar *girolles* ou outro cogumelo silvestre, use uma mistura de cogumelos-castanha e cogumelos-ostra"

risoto de cogumelos silvestres

Para 4 pessoas

750 ml de caldo de vegetais
3 colheres (sopa) de óleo de oliva
2 chalotas grandes, fatiadas finamente
2 talos de salsão (aipo)
200 g de arroz para risoto
1 copo pequeno de vinho tinto
1 colher (chá) de sementes de coentro moídas
sal marinho e pimenta-do-reino
100 g de cogumelos-ostra limpos e fatiados
100 g de cogumelos *girolles* ou outro cogumelo silvestre, limpos e fatiados
1 colher (sopa) de mascarpone ou *crème fraîche*
1 colher (sopa) de cerefólio ou cebolinha picada
2 colheres (sopa) de queijo parmesão ralado

Leve o caldo à fervura em uma panela e deixe-o em fogo baixo.

Aqueça 1 colher (sopa) de óleo de oliva em uma frigideira funda, adicione as chalotas e salteie-as por 2–3 minutos até ficarem macias, mas não douradas. Adicione o salsão e cozinhe por mais 2 minutos.

Despeje o arroz na frigideira e cozinhe por 2 minutos. Adicione o vinho e mantenha no fogo até que tenha sido absorvido. Junte uma concha do caldo quente com as sementes de coentro moídas e cozinhe, mexendo até que o líquido tenha sido absorvido.

Continue a adicionar o caldo, uma concha de cada vez, esperando que cada uma seja incorporada antes de despejar outra, até o arroz ficar *al dente* (cozido, mas firme ao ser mastigado). O risoto precisará estar bem úmido e cremoso. Tempere com sal marinho e pimenta-do-reino.

Aqueça o restante do óleo de oliva em uma frigideira funda, adicione os cogumelos e cozinhe, mexendo frequentemente, até ficarem macios. Então, despeje-os no risoto e mexa.

Adicione o mascarpone ou o crème fraîche, mexa e divida o risoto entre os pratos aquecidos. Polvilhe com as ervas e o parmesão e sirva.

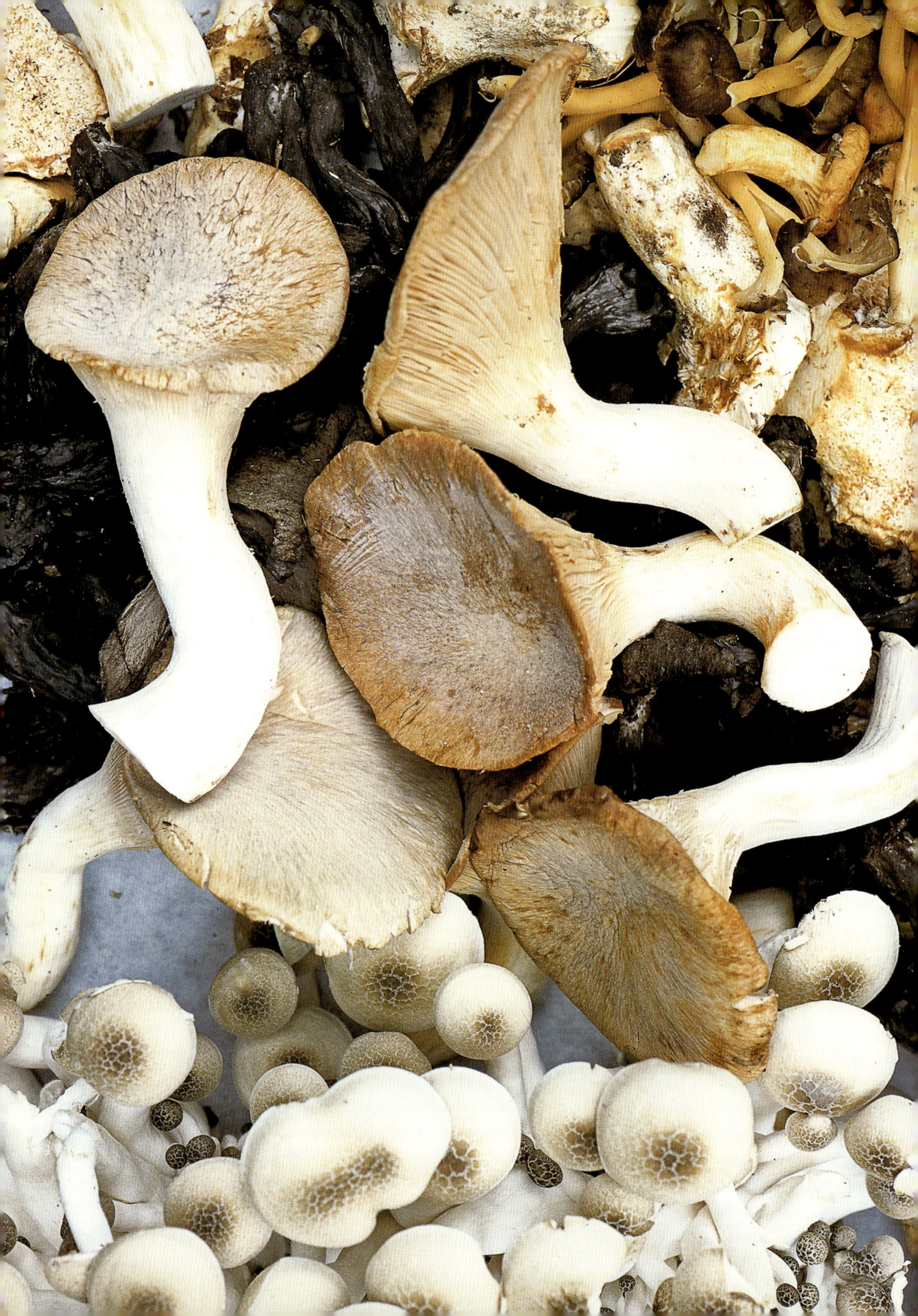

risoto de cogumelos silvestres

isso sim é fast food

"pizza" de abóbora em massa folhada COM SÁLVIA E QUEIJO CHEDDAR DEFUMADO

Para 4 pessoas

- 2 colheres (sopa) de óleo de oliva
- 450 g de abóbora picada
- 330 g de massa folhada pronta
- 1 gema de ovo batida com 1 colher (chá) de água
- 200 g de queijo *cheddar* defumado ralado
- 4 folhas de sálvia finamente picadas, mais algumas para guarnecer
- sal marinho e pimenta-do-reino

Aqueça o forno a 220°C. Aqueça o óleo de oliva em uma panela, adicione a abóbora e refogue por 5 minutos.

Estique a massa fazendo um retângulo grande, de mais ou menos 15 cm x 25 cm. Com uma faca afiada, marque uma borda de 1 cm de largura em torno da massa, porém sem cortá-la. Pincele a borda com o ovo batido.

Distribua metade do queijo dentro da área da massa delimitada pelas bordas e cubra com a abóbora. Polvilhe com a sálvia picada e tempere com sal marinho e pimenta-do-reino.

Asse por 20 minutos, depois polvilhe com o restante do queijo e asse por mais 5 minutos. Guarneça com as folhas de sálvia e sirva.

salada de enguia defumada COM BACON

E BATATAS SAUTÉ

Para 4 pessoas
12 batatas novas limpas
sal marinho e pimenta-do-reino
1–3 colheres (sopa) de óleo de oliva
50 g de *bacon* picado
300 g de filé de enguia defumada
3 colheres (sopa) de vinagrete clássico
2 miolos de alface, folhas separadas
mascarpone com ervas (opcional, veja à direita)

"Às vezes sirvo esta salada com uma colherada de mascarpone com ervas. Simplesmente misturo com o mascarpone algumas ervas picadas (salsa ou *dill*), sal, pimenta-do-reino e um pouco de suco de limão"

Cozinhe as batatas em água salgada por 7–8 minutos até ficarem ligeiramente tenras e depois escorra. Deixe que esfriem e corte-as ao meio no sentido do comprimento.

Aqueça o óleo de oliva em uma frigideira, adicione as batatas e cozinhe rapidamente em fogo alto até ficarem douradas, acrescentando um pouco mais de óleo se for necessário. Coloque-as sobre papel de cozinha para eliminar o excesso de óleo.

Remova da panela o excesso de óleo, usando papel de cozinha, e frite o *bacon* em fogo alto até ficar crocante. Coloque-o sobre papel de cozinha.

Corte os filés de enguia em tiras e aqueça-os gentilmente em uma pequena panela com 2 colheres (sopa) do vinagrete. Tempere as folhas de alface com o vinagrete restante.

Divida a alface pelos pratos, salpique-a com os torresmos de *bacon* e cubra com as batatas mornas. Acomode no centro as tiras de enguia mornas e, se você gostar, ponha uma colherada de mascarpone sobre elas.

espaguete com lagosta
EM MOLHO DE TOMATE CREMOSO

Para 4 pessoas

1 lagosta de mais ou menos 1 kg recém-cozida

600 g de tomates-cereja em cubinhos

2–3 cebolinhas finamente fatiadas ou picadas

1 pimenta vermelha sem sementes e picada

1 dente de alho picado

50 g de manteiga sem sal

sal marinho e pimenta-do-reino

1 copo de vinho branco seco

500 g de espaguete fresco

1 colher (sopa) de óleo de oliva

100 ml de creme duplo

um punhado de folhas de manjericão picadas

raspas de parmesão fresco

óleo de oliva

Para extrair a carne da lagosta, corte a carapaça e retire a carne em uma única peça, eliminando a bolsa do terceiro disco. Extraia a carne das garras quebrando as cascas com o dorso de uma faca ou um quebra-nozes. Pique a carne do corpo e das garras em pedaços pequenos e reserve.

Ponha os tomates, as cebolas, a pimenta vermelha, o alho e a manteiga em uma panela de fundo grosso e cozinhe em fogo médio até ficarem moles, mas não corados. Tempere com pimenta-do-reino, adicione o vinho e cozinhe até que ele se evapore.

Coloque o espaguete em uma panela grande com água salgada fervente e o óleo de oliva e cozinhe por cerca de 3 minutos, até ficar *al dente*.

Enquanto isso, adicione a lagosta ao molho e mexa com o creme e o manjericão picado. Deixe amornar por alguns minutos.

Escorra o espaguete e tempere com o molho de lagosta. Divida pelos pratos aquecidos, polvilhe o parmesão e borrife com um pouco de óleo de oliva. Sirva imediatamente.

isso sim é fast food

"Adoro esta inusitada combinação de lagosta – a rainha dos frutos do mar – com um simples espaguete e tomate fresco. É uma ótima massa rápida para uma ocasião especial"

macarrão com queijo azul
E COGUMELOS

Para 4 pessoas

250 g de macarrão seco

sal marinho e pimenta-do-reino

1 colher (sopa) de óleo de oliva

50 g de manteiga

100 g de *porcini* ou cogumelo-castanha fatiados

200 ml de creme duplo

100 g de queijo azul

Ponha o macarrão em uma panela grande com água salgada fervente e o óleo de oliva e cozinhe por 7–10 minutos. Escorra e enxágue com água fria para remover o excesso de amido. Devolva o macarrão à panela e reserve.

Derreta a manteiga em uma frigideira. Adicione os cogumelos, frite até ficarem macios e dourados, e tempere com pimenta-do-reino. Acenda o *grill*.

Junte o creme ao macarrão e esmigalhe 2/3 do queijo sobre ele. Aqueça suavemente por alguns minutos para o queijo derreter. Tempere com pimenta-do-reino.

Passe o macarrão para um recipiente apropriado para gratinar e misture com ele os cogumelos e o queijo que restou. Coloque-o sob o *grill* quente por 2–3 minutos para dourar levemente e sirva.

"recomendo sempre comprar frango caipira orgânico – seu sabor é muito superior ao das aves das criações industriais, com uma dieta limitada e o mínimo de exercícios"

salada de frango morna
COM ALCACHOFRAS-DE-JERUSALÉM, ESPINAFRE E BACON

Para 4 pessoas

2 ramos de alecrim
3 ramos de tomilho
1 folha de louro
2 dentes de alho descascados
500 ml de caldo de galinha
2-3 peitos de frangos caipiras
4 colheres (sopa) de óleo de oliva
50 g de manteiga
150 g de alcachofras-de-jerusalém, raspadas ou descascadas
2 colheres (sopa) de suco de limão
125 g de fatias finas de *bacon*
50 ml de vinagrete clássico
1 colher (chá) de vinagre de xerez
1 chalota finamente fatiada
150 g de espinafre
anéis de cebola bem fritos para servir (opcional)

Ponha as ervas, o alho e o caldo em uma panela e deixe ferver. Adicione então os peitos de frango e cozinhe por uns 3 minutos ou até ficarem firmes ao toque. Deixe esfriar no caldo e depois remova o osso, deixando a pele intacta.

Frite os peitos de frango, com a pele para baixo, em metade do óleo de oliva por 4–5 minutos, ou até que a pele esteja dourada e crocante. Adicione metade da manteiga e cozinhe por outros 2 minutos.

Cozinhe as alcachofras em água suficiente para cobri-las, com o suco de limão, por 5–6 minutos. Escorra, deixe esfriar, pique-as em pedaços grandes e frite-os com o restante do óleo e da manteiga por 2–3 minutos de cada lado, ou até ficarem dourados. Escorra em papel de cozinha. Frite o *bacon* até ficar crocante, escorra-o e corte em pedaços.

Misture o vinagrete com o vinagre de xerez e a chalota. Corte os peitos do frango, no sentido do comprimento, em 6 fatias. Acomode o espinafre, o frango, o *bacon* e as alcachofras nos pratos e tempere com o vinagrete. Se quiser, guarneça com anéis de cebola fritos e sirva.

família
e
amigos

Comer com a família é importante para mim. Minha mãe sempre nos fez sentar juntos às refeições, e guardo doces lembranças dessa época. Domingo é o nosso dia da família, quando geralmente temos um assado, embora eu também goste de cozinhar outros pratos. Nunca sabemos quantos seremos, por isso é preciso alguma flexibilidade nos pratos. Minha torta de peixe é um dos favoritos, mas as crianças gostam também de frango na caçarola. Sobremesas são o ponto alto e nunca nos cansamos de pudim ou de *trifle*.

bacalhau com tomates
E BATATAS AO FORNO

Para 4 pessoas

700 g de batatas

2 colheres (sopa) de óleo de oliva

25 g de manteiga

675 g de lombo de bacalhau, sem pele e cortado em 4 pedaços grossos

12 tomates-cereja na rama, separados em 4 pencas

suco de ½ limão

sal marinho e pimenta-do-reino

2 colheres (sopa) de salsa picada

Aqueça o forno a 200°C. Descasque as batatas e corte-as em pedaços grossos. Coloque-os em uma panela com água fervente e cozinhe por 4 minutos. Escorra bem. Ponha de volta na panela seca, adicione o óleo de oliva e mexa bem. Espalhe as batatas em uma assadeira e asse por 10 minutos. Chacoalhe a panela para virar as batatas e asse por mais 10–15 minutos.

Enquanto isso, derreta a manteiga em uma frigideira de ferro, adicione o peixe e cozinhe por 2–3 minutos. Vire o peixe e cozinhe por mais 2 minutos. Junte os tomates e leve ao forno.

Borrife o suco de limão sobre o peixe assim que tirá-lo do forno. Tempere com sal marinho e pimenta-do-reino e deixe-o descansar na panela por 5 minutos. Ponha as batatas assadas em uma tigela aquecida e tempere com sal marinho.

Coloque o bacalhau com os tomates em pratos aquecidos, salpique com a salsa e borrife com o caldo da panela. Sirva com as batatas assadas.

família e amigos | 61

filés de salmonete

COM RATATOUILLE RÚSTICA

Para 4 pessoas

4 salmonetes pequenos, de cerca de 250 g cada um, ou 2 grandes de mais ou menos 500 g, em filés

2 colheres (sopa) de óleo de oliva

sal marinho e pimenta-do-reino

Ratatouille rústica:

2 tomates carnudos

½ pimentão vermelho sem as sementes

½ pimentão amarelo sem as sementes

1 colher (sopa) de óleo de oliva

2 dentes de alho picados finamente

1 cebola roxa picada finamente

2 abobrinhas picadas

1 berinjela picada

um punhado de folhas de manjericão picadas grosseiramente

vinagre balsâmico

Para a ratatouille, corte os tomates ao meio, tire as sementes e pique-os finamente. Corte os pimentões em pedaços de 1 cm. Aqueça o óleo de oliva em uma panela e refogue o alho e a cebola em fogo baixo por 2 minutos. Junte as abobrinhas, a berinjela, os tomates e os pimentões, mexa e cozinhe por cerca de 5 minutos. Adicione o manjericão, um borrifo de vinagre balsâmico e tempere a gosto. Tire do fogo e mantenha aquecido.

Para cozinhar o salmonete, aqueça o óleo de oliva em uma frigideira de fundo grosso, junte os filés do peixe, com a pele para baixo, e cozinhe-os por cerca de 3 minutos, ou até que a pele fique crocante. Vire os filés e cozinhe-os por mais 30 segundos a 1 minuto, dependendo da sua espessura. Tire a panela do fogo, tempere com sal e pimenta-do-reino e deixe descansar por alguns minutos.

Coloque a ratatouille em pratos grandes aquecidos, acomode os filés de salmonete por cima e sirva.

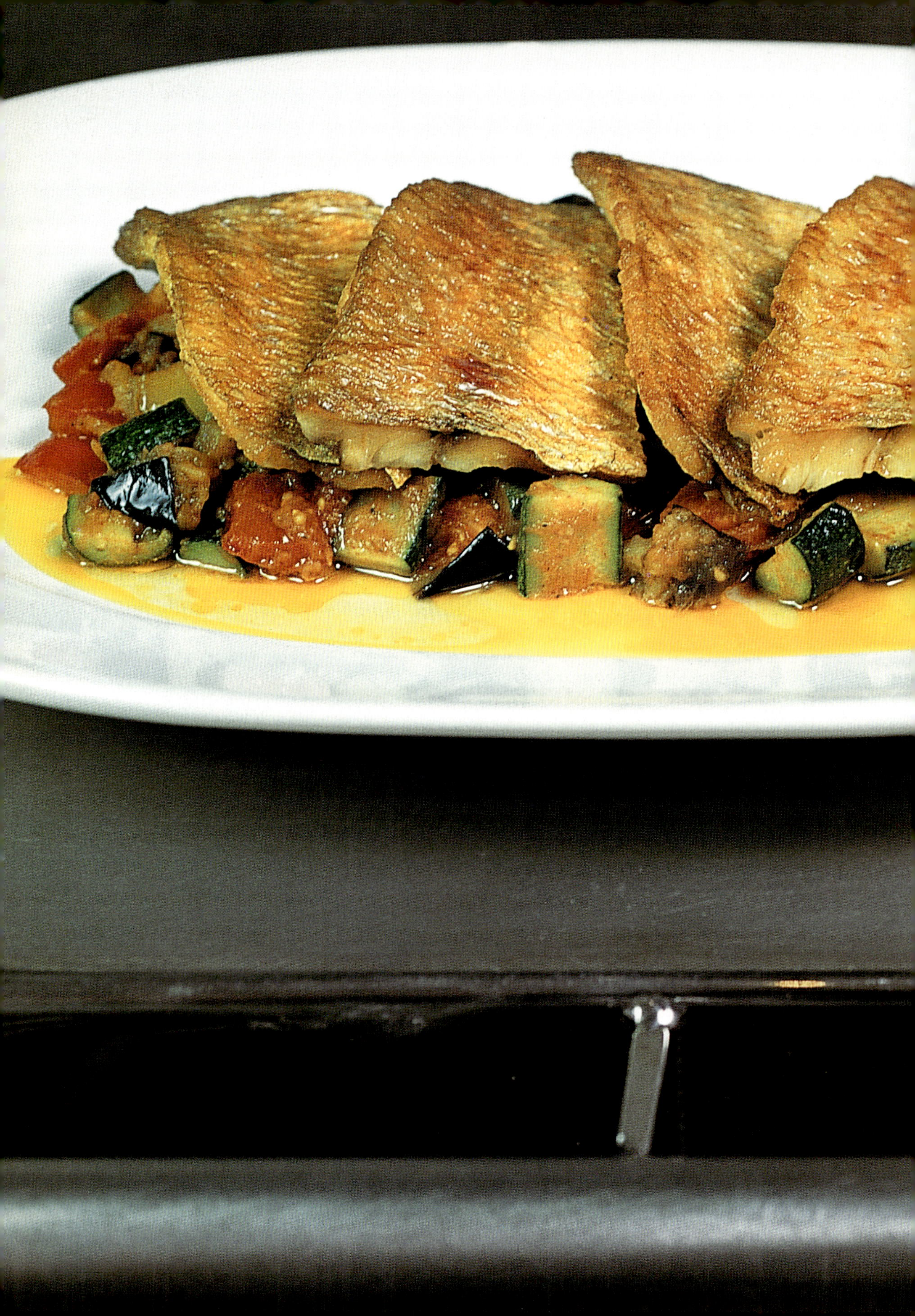

filés de salmonete

torta de peixe do gordon

Para 4 pessoas

25 g de manteiga
4 chalotas picadas finamente
250 ml de vinho branco seco
250 ml de Noilly Prat ou de vermute seco
500 ml de caldo de peixe
500 ml de creme duplo
sal marinho e pimenta-do-reino
800 g de filés de peixe de carne branca (bacalhau fresco, hadoque, tamboril, etc.)
suco de ½ limão
um punhado de estragão e salsa picados
300 g de massa folhada pronta
1 gema de ovo batida com 1 colher (chá) de água

Aqueça a manteiga em uma panela, adicione as chalotas picadas e deixe murchar. Acrescente o vinho e o vermute e deixe ferver até o líquido se reduzir à metade. Acrescente o caldo de peixe e reduza à metade novamente.

Adicione o creme e cozinhe até que se reduza a um molho consistente. Tempere com sal e pimenta-do-reino a gosto e deixe esfriar. Enquanto isso, aqueça o forno a 180°C.

Se o peixe tiver pequenos espinhos, tire-os com uma pinça e depois corte-o em pedaços de 3 cm. Junte-os ao molho com o suco de limão e as ervas, mexa e despeje em uma assadeira de cerâmica. Asse por cerca de 15 minutos.

Enquanto isso, estenda a massa e corte 4 pedaços ovais usando um prato para torta individual como molde. Coloque em uma assadeira e pincele com o ovo batido com água.

Tire o peixe do forno e mantenha-o aquecido. Aumente a temperatura do forno para 200°C e asse os ovais de massa por 7–10 minutos até dourar.

Acomode o peixe e o molho cremoso em pratos aquecidos, cubra com a massa oval e sirva.

"Quando eu era garoto, na Escócia, gostava de pescar e de aprender sobre a indústria pesqueira. Ainda me dá prazer pescar meu próprio peixe e cozinhá-lo. Peixes bem frescos não cheiram nem são pegajosos, têm olhos brilhantes e carne firme. Peça ao peixeiro o que ele tiver de melhor no dia. Se ele cortar os filés para você, peça a ele as sobras, para fazer seu próprio caldo de peixe"

"Prefira um *bacon* curado de forma tradicional, produzido a partir de um porco saboroso. *Bacon* produzido em escala industrial contém substâncias químicas e água, reduz-se a nada e não tem gosto"

faisão assado
COM REPOLHO CREMOSO E BACON

Para 4-6 pessoas
2 faisões
óleo de oliva para pincelar
folhas de 4 ramos de tomilho
2 folhas de louro
10 fatias de *bacon* curado a seco e defumado
200 ml de creme duplo
½ cabeça de repolho savoy, com o miolo retirado
½ cabeça de repolho branco, com o miolo retirado
sal marinho e pimenta-do-reino

Aqueça o forno a 190°C. Pincele os faisões com óleo de oliva, salpique com as folhas de tomilho e acomode uma folha de louro em cima de cada um. Enrole 3 fatias de *bacon* no topo de cada faisão para que o peito fique úmido (prenda a folha de louro no lugar) e coloque-os em uma panela de assar. Tire o couro das outras fatias de *bacon*, corte-as em tiras e reserve.

Asse os faisões no centro do forno por 45 minutos, depois remova o *bacon* e asse por mais 15 minutos, ou até que a pele fique dourada. Deixe descansar em um lugar aquecido por 15 minutos.

Frite as tiras de bacon em uma panela seca por alguns minutos, depois adicione o creme e deixe cozinhar em fogo baixo por 5 minutos.

Enquanto isso, corte os repolhos finamente e deixe-os murchar em água fervente salgada por alguns poucos minutos, até amaciar. Escorra completamente e adicione o *bacon* misturado ao creme. Tempere com sal marinho e pimenta-do-reino.

Trinche os faisões na mesa e sirva com repolho cremoso.

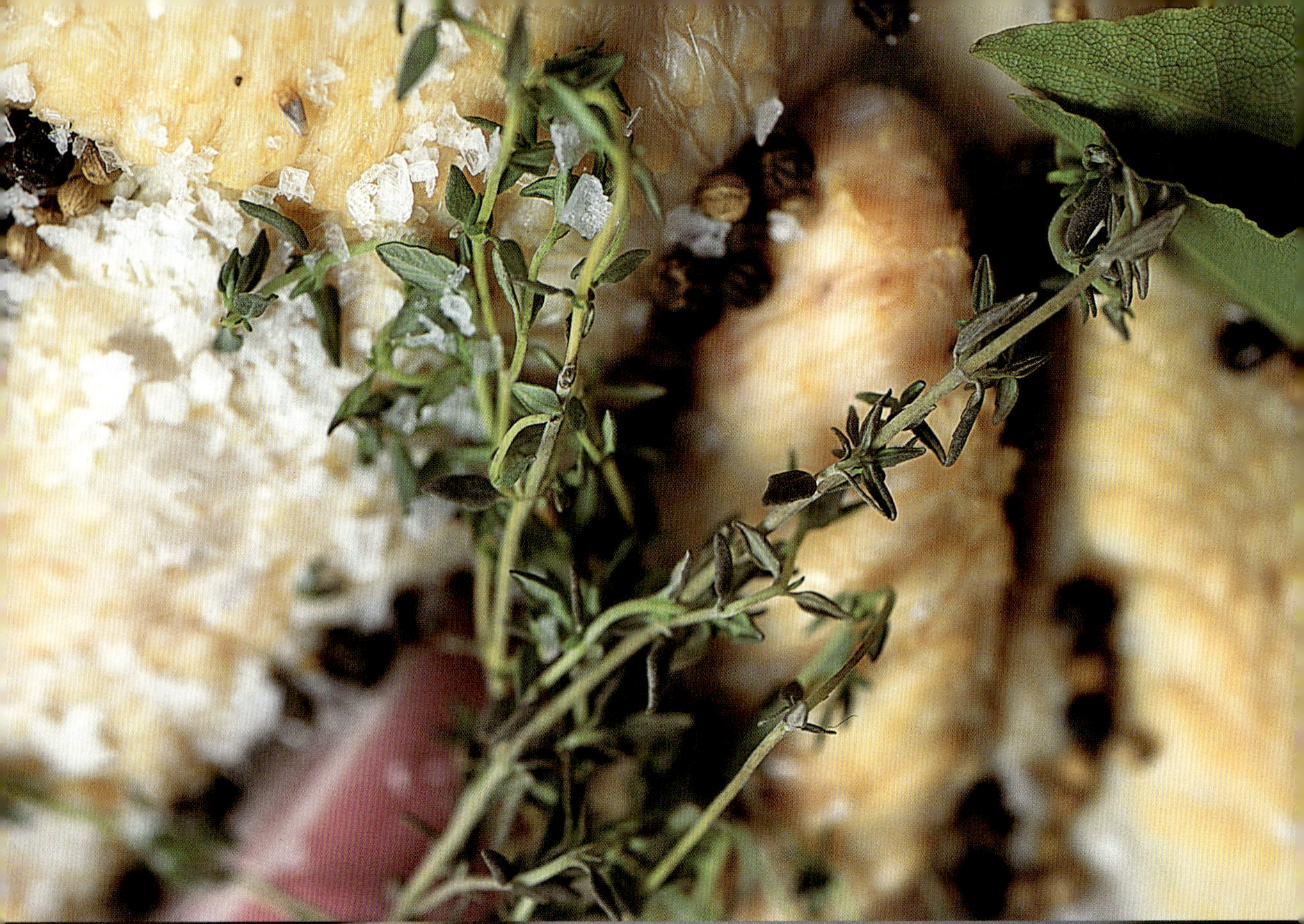

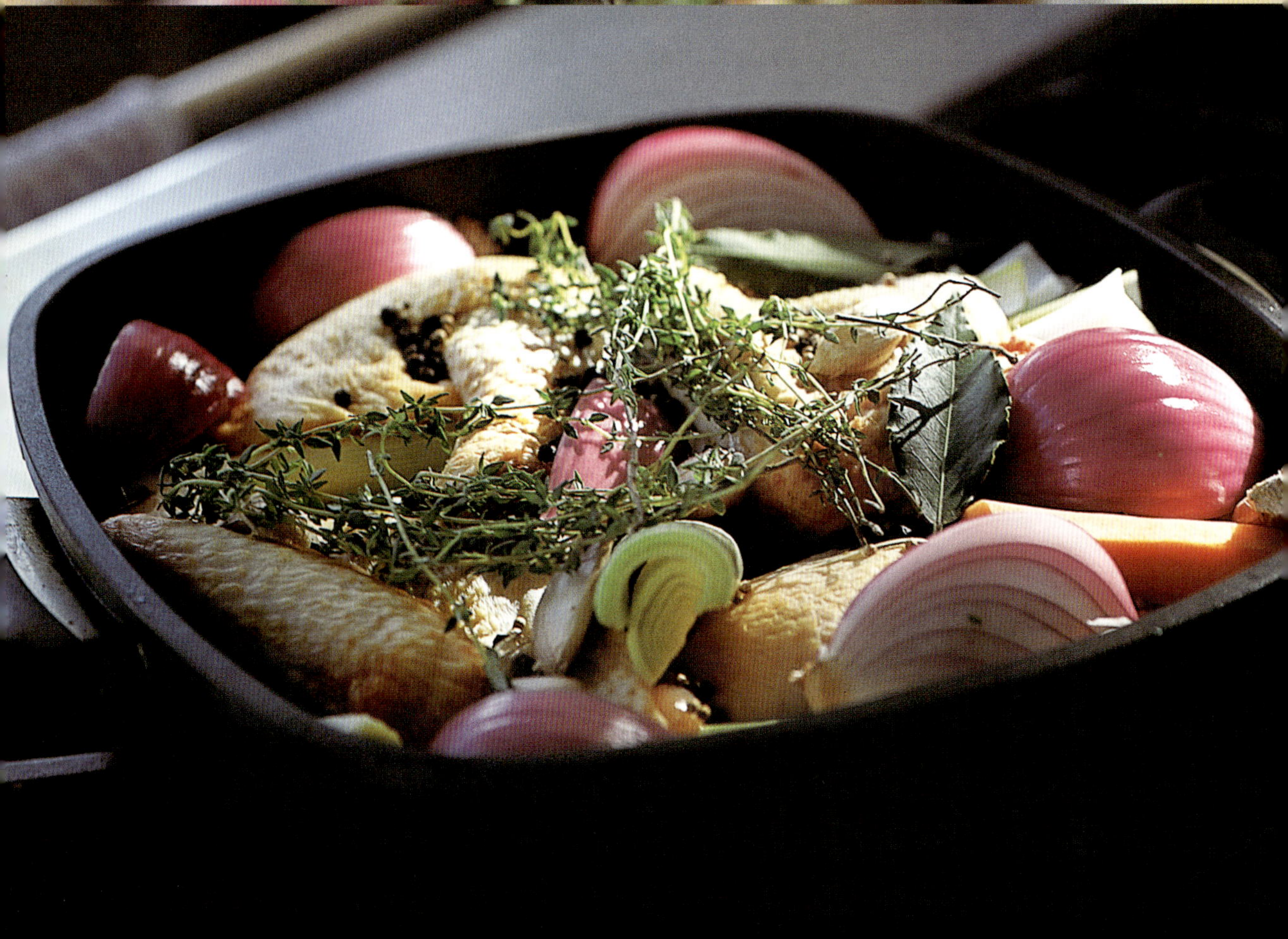

frango na caçarola
COM DUMPLINGS DE COENTRO

Ponha o frango em uma caçarola grande, adicione o caldo e leve à fervura. Junte os vegetais e deixe ferver em fogo baixo. Adicione as ervas, o gengibre e tempere bem. Tampe e cozinhe em fogo bem baixo por cerca de 40 minutos, ou até o frango ficar tenro. Tire do fogo e deixe esfriar. (Isso pode ser feito um dia antes.)

Escume toda gordura da superfície da caçarola. Tire os pedaços de frango e descarte a pele os ossos. Leve a carne de volta à panela. Acerte o tempero.

Para fazer os dumplings de coentro, misture a farinha, a gordura e o coentro em uma tigela, adicionando água quente que baste para formar uma massa moldável. Forme com ela pequenos bolinhos.

Aqueça novamente a caçarola. Quando o líquido levantar fervura, despeje nele os bolinhos. Abaixe o fogo, tampe e cozinhe-os por 10–15 minutos, ou até que fiquem com o dobro do tamanho e fofos. Descarte o gengibre e as ervas.

Sirva em tigelas aquecidas, com pão para "limpar" o molho.

Para 4–6 pessoas

8–12 porções de frango (pernas, coxas, etc.)
1 litro de caldo de galinha
4 talos de salsão (aipo) cortados ao meio
2 alhos-poró (só a parte branca) picados finamente
2 cebolas roxas cortadas em cunhas
4 cenouras picadas
2 chirivias picadas
1 aipo-rábano picado finamente
1 folha de louro
alguns ramos de tomilho
1 talo de capim-cidreira
um pedaço de gengibre raspado
sal marinho e pimenta-do-reino

Dumplings (bolinhos) de coentro:
250 g de farinha de trigo
100 g de gordura animal
3 colheres (sopa) de coentro picado

"Toda cenoura deveria ser assim: firme e acompanhada de talos de folhas verdes. Sempre que comprar cenouras, prefira as orgânicas, não apenas pelo seu sabor superior, mas também porque é a única garantia de que estão livres de pesticidas"

frango na caçarola

canela de boi assada
COM NABO BABY E ERVILHA-TORTA

Para 4-6 pessoas

2 colheres (sopa) de óleo de oliva

2 kg de canela de boi com o osso

3-4 dentes de alho descascados

1 cebola picada grosseiramente

1 cenoura fatiada

2 talos de salsão (aipo) cortados ao meio

1 nabo picado

1 tomate carnudo sem sementes e picado grosseiramente

600 ml de vinho tinto

600 ml de caldo de carne

1 folha de louro

2 ramos de tomilho

1 anis-estrelado

1 colher (chá) de sementes de coentro

sal marinho e pimenta-do-reino

200 g de nabos baby aparados

200 g de ervilha-torta

Aqueça o óleo de oliva em uma caçarola grande, adicione a canela de boi e frite todos os lados. Em seguida, tire do fogo e reserve. Ponha na caçarola o alho, a cebola, a cenoura, o salsão, o nabo picado e o tomate e refogue por 3-5 minutos.

Devolva a carne à caçarola, despeje nela o vinho tinto, leve à fervura e então adicione o caldo. Deixe ferver novamente e adicione a folha de louro, o tomilho, o anis-estrelado e as sementes de coentro. Abaixe o fogo para uma fervura branda, tampe e cozinhe por 2-3 horas, até a carne ficar tenra.

Com cuidado, tire a carne e deixe esfriar. Coe o líquido do cozimento com um *chinois* (coador cônico de metal) sobre um pano limpo, descartando os vegetais. Elimine a gordura e depois ferva o líquido até reduzi-lo a um molho consistente. Tempere com sal marinho e pimenta-do-reino a gosto. Enquanto isso, tire do osso a carne que já estiver esfriado, descartando gorduras e tendão.

Adicione a carne ao líquido reduzido e aqueça suavemente. Sirva em pratos aquecidos com os nabos e as ervilhas-tortas e bastante molho.

família e amigos | 75

"O sabor da carne do aberdeen angus criado organicamente a pasto é surpreendente. A maneira como um animal vive, se alimenta e é abatido é tão importante para o sabor da carne quanto sua raça. Fergal, o belo boi fotografado acima, vive em uma fazenda em Devon"

lombo de cordeiro
RECHEADO COM ESPINAFRE

Aqueça o forno a 200°C. Abra o lombo do carneiro e reserve o filé. Abra ao meio a cabeça de alho, tempere e deixe por alguns minutos para extrair o suco do alho.

Para o recheio, aqueça um borrifo de óleo de oliva em uma frigideira e salteie os cogumelos até ficarem macios. Passe-os por um escorredor. Aqueça um pouco mais de óleo, adicione uma bolota de manteiga, junte o espinafre, tempere suavemente e cozinhe até murchar. Ponha os cogumelos em uma tigela, misture com o espinafre, o mascarpone e a gema e tempere com noz-moscada, sal marinho e pimenta-do-reino.

Unte com óleo algumas folhas de sálvia e acomode-as no meio do lombo. Esfregue a carne com a cabeça de alho. Ponha o recheio em cima da sálvia. Corte o filé horizontalmente (mas sem atravessar), abra-o e estenda sobre o recheio. Dobre um lado do lombo e depois o outro, entrelaçando-os firmemente em um rolo caprichado. Amarre com barbante em intervalos e enfie as folhas de sálvia restantes nas extremidades.

Aqueça um borrifo de óleo em uma panela, adicione a cabeça de alho e os ramos de sálvia e salteie. Ponha a manteiga, deixe espumar e acomode a carne.

Asse por 30 minutos, e por mais 30 a 180°C. Reserve a carne por 20 minutos em uma travessa. Dilua o molho da panela com vinagre de xerez, adicione o vinho e o caldo e reduza à metade. Coe e ajuste o tempero. Sirva em fatias finas com o molho.

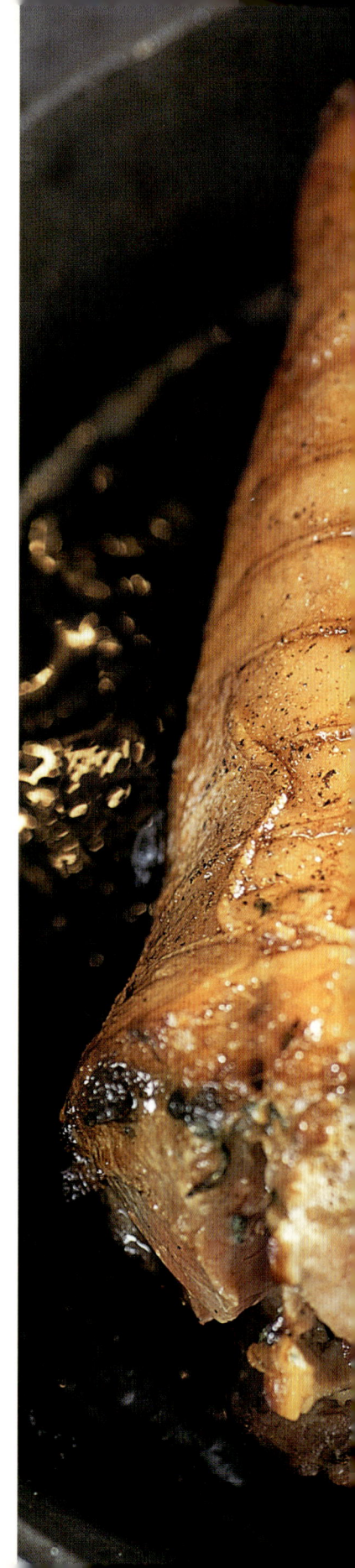

família e amigos | 77

Para 6–8 pessoas

1 lombo de cordeiro com cerca de 2,4 kg, sem osso
1 cabeça de alho
sal marinho e pimenta-do-reino
um borrifo de óleo de oliva
alguns ramos de sálvia
um pedaço de manteiga

Recheio:

3–4 colheres (sopa) de óleo de oliva
250 g de vários tipos de cogumelos limpos (shiitake, ostra, etc.)
um pedaço de manteiga
250 g de espinafre novo sem os talos
2–3 colheres (sopa) de mascarpone
1 gema de ovo
noz-moscada moída na hora
6–8 folhas de sálvia

Molho da panela:

1 colher (sopa) de vinagre de xerez
2 copos de vinho tinto
125 ml de caldo *light*

família e amigos

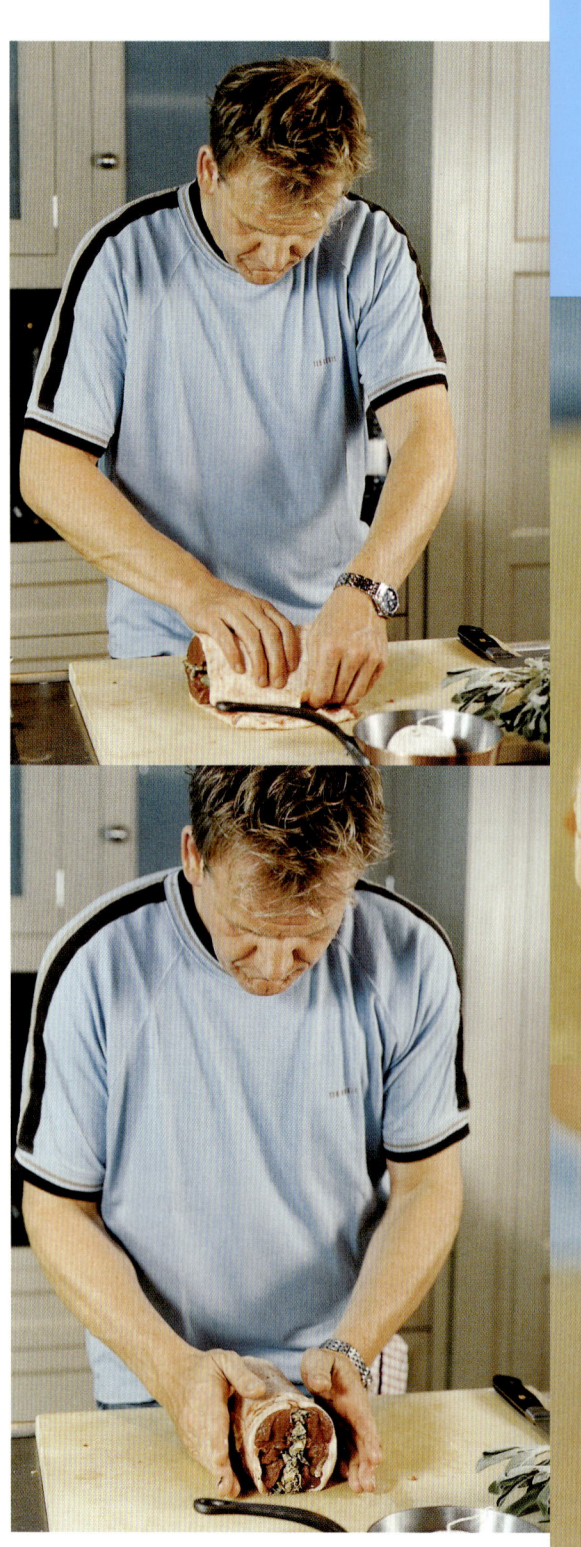

"Amarre a carne com barbante a intervalos, mas não aperte muito – apenas o necessário para mantê-la fechada enquanto assa"

lombo de cordeiro

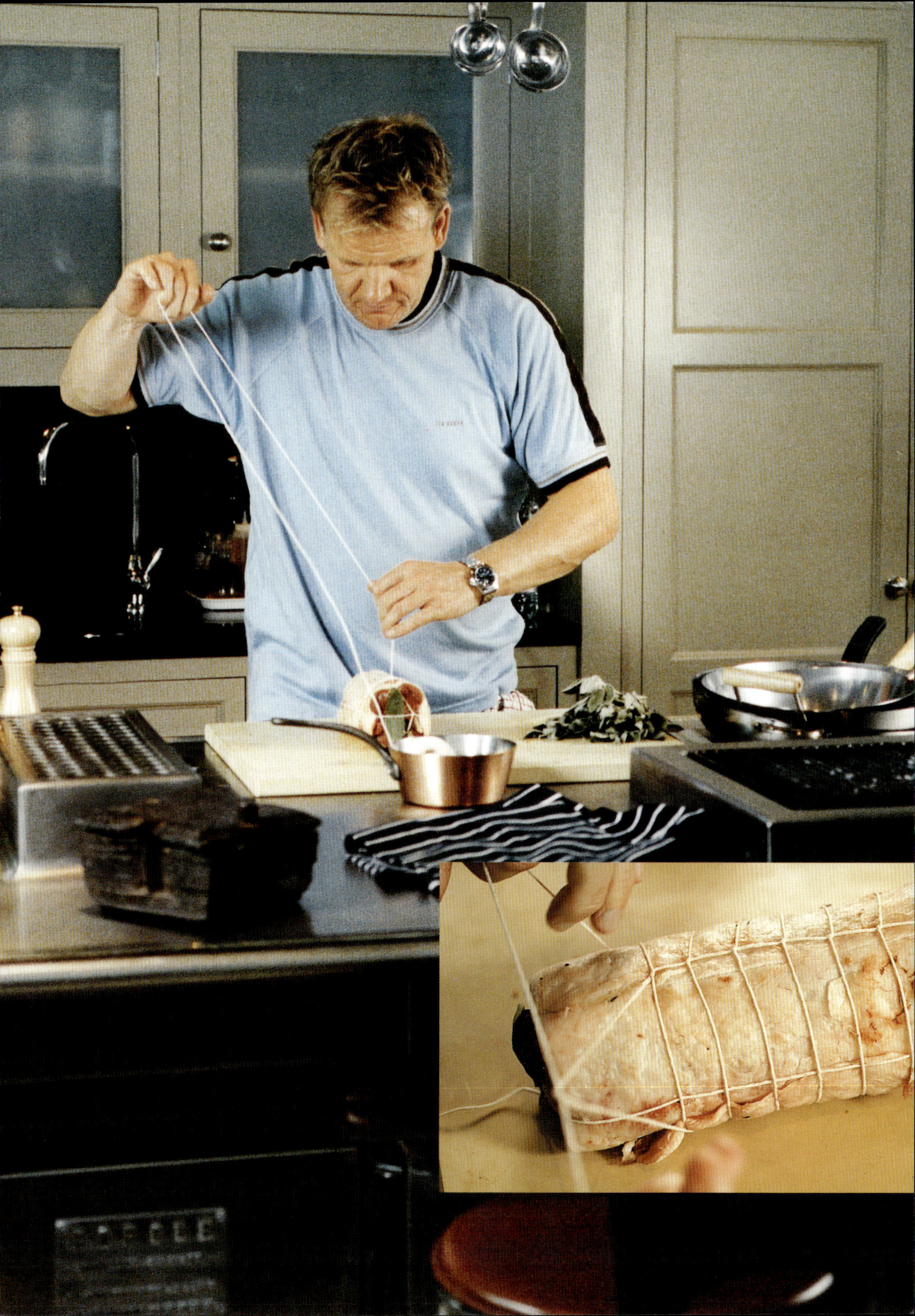

"Fico encantado ao ver porcos de raça raros criados em ambiente natural. Não há dúvida de que você vai notar a diferença no gosto da carne"

barriga de porco assada
COM SÁLVIA E TOMILHO

Para 4-6 pessoas

1 kg de barriga de porco desossada e sem o couro
sal marinho e pimenta-do-reino
algumas folhas de tomilho
um punhado de folhas de sálvia picadas
2-3 colheres (sopa) de óleo de oliva

Aqueça o forno a 220°C. Acomode a carne de porco em uma tábua, com o lado do couro para cima, e tempere com sal. Vire, tempere com pimenta-do-reino e polvilhe com as ervas. Estenda do lado mais comprido e amarre com barbante.

Aqueça o óleo de oliva em uma panela de assar, adicione a carne e frite todos os lados. Leve-o então ao forno e asse por 10 minutos, depois abaixe a temperatura para 150°C e cozinhe por 2 horas. Deixe descansar por 10 minutos e corte em fatias. Sirva com purê aromatizado, cenouras baby e repolho.

torta de espinafre cremosa

Desenrole a massa e forre uma fôrma de 23 cm, deixando sobrar um pouco de massa na borda. Pressione com um garfo, forre com papel-manteiga e encha a base de massa com feijão ou arroz secos. Ponha na geladeira por 20 minutos. Enquanto isso, aqueça o forno a 200°C.

Cozinhe o espinafre no vapor (ou em uma panela com o mínimo de água) até que fique murcho. Escorra e deixe esfriar.

Asse a base de massa por 15 minutos, depois tire o papel e o feijão e pincele a base com a gema de ovo batida. Asse por mais 5 minutos. Deixe esfriar e então, com uma faca bem afiada, apare o excesso de massa ao nível da borda da forma de metal. Baixe a temperatura do forno para 180°C.

Bata os ovos e a gema extra. Adicione o leite, o *crème fraîche*, o sal, a pimenta-de-caiena e a noz-moscada e bata tudo junto. Misture com o espinafre e despeje dentro da base de massa. Asse por 25–35 minutos ou até que fique dourada. Deixe esfriar um pouco.

Sirva a torta morna, cortada em cunhas e guarnecida com fatias de tomate.

Para 4–6 pessoas

300 g de massa para torta pronta

150 g de espinafre baby, talos removidos

1 gema de ovo batida com 1 colher (chá) de água

2 ovos caipiras orgânicos grandes mais 1 gema extra

100 ml de leite

300 g de *crème fraîche*

sal

½ colher (chá) de pimenta-de-caiena

½ colher (chá) de noz-moscada moída na hora

1 tomate para guarnecer

galette de batata com alecrim

Para 4 pessoas

4 batatas grandes descascadas

100 g de manteiga sem sal

4–6 ramos de alecrim, folhas separadas, mais ramos extras para guarnecer

3–4 ramos de tomilho, folhas separadas

sal marinho e pimenta-do-reino

Corte as batatas em fatias bem finas. Derreta metade da manteiga em uma frigideira de ferro de 25 cm. Apague o fogo e acomode um terço das fatias de batata em uma camada que cubra o fundo da frigideira. Polvilhe com metade das folhas de alecrim e de tomilho e tempere bem. Espalhe por cima o restante da manteiga.

Repita a camada, depois cubra com o restante das fatias de batata, tempere bem e pressione para baixo.

Cozinhe em fogo baixo (ou asse no forno a 180°C) por 40-45 minutos, ou até o fundo ficar dourado. Vire em um prato e devolva à frigideira para cozinhar o outro lado (isso não será necessário se usar o forno). Cozinhe por mais 10–15 minutos.

Cubra com alguns ramos de alecrim e sirva em forma de cunhas.

abóbora baby recheada

Corte uma fatia do topo e outra da base de cada abóbora. Remova a polpa e pique. Reserve. Aqueça o forno a 200°C. Ponha os cascos das abóboras em uma assadeira, pincele com óleo de oliva e tempere. Asse por 5 minutos e deixe esfriar.

Descasque e fatie as alcachofras e mergulhe-as em uma tigela com água e o suco de limão, para evitar que escureçam.

Salteie a cebola em 2 colheres (sopa) de óleo de oliva até ficar macia. Adicione o aipo-rábano e as alcachofras, depois o vinho e 200 ml do caldo. Ferva por 8–10 minutos até os vegetais ficarem tenros. Escorra, reservando o caldo, e despeje em uma tigela.

Salteie a polpa de abóbora em 1 colher (sopa) de óleo de oliva e metade da manteiga por 2–3 minutos, adicione os 100 ml de caldo restantes e ferva por 6–8 minutos, até ficar bem tenro. Esprema em uma panela pequena, descartando a polpa. Junte o caldo reservado e ferva para reduzir o líquido à metade. Prove e adicione metade das ervas.

Salteie os cogumelos na manteiga que sobrou por um minuto e despeje-os na tigela com os vegetais salteados com um pouco do molho. Passe a mistura para os cascos de abóbora e aqueça no forno por 5–6 minutos.

Aqueça o molho e adicione as ervas restantes. Tire as abóboras do forno e coloque-as nos pratos. Espalhe o molho em cima e em volta delas.

Para 4 pessoas

4 abóboras baby
3 colheres (sopa) de óleo de oliva, mais um pouco para pincelar
sal marinho e pimenta-do-reino
250 g de alcachofras-de-jerusalém
2 colheres (sopa) de suco de limão
1 cebola pequena fatiada finamente
1 aipo-rábano pequeno picado finamente
100 ml de vinho branco seco
300 ml de caldo de vegetal (ou água)
100 g de manteiga
100 ml de creme duplo
1 colher (sopa) de salsa bem picada
1 colher (sopa) de cerefólio picado
125 g de cogumelos misturados

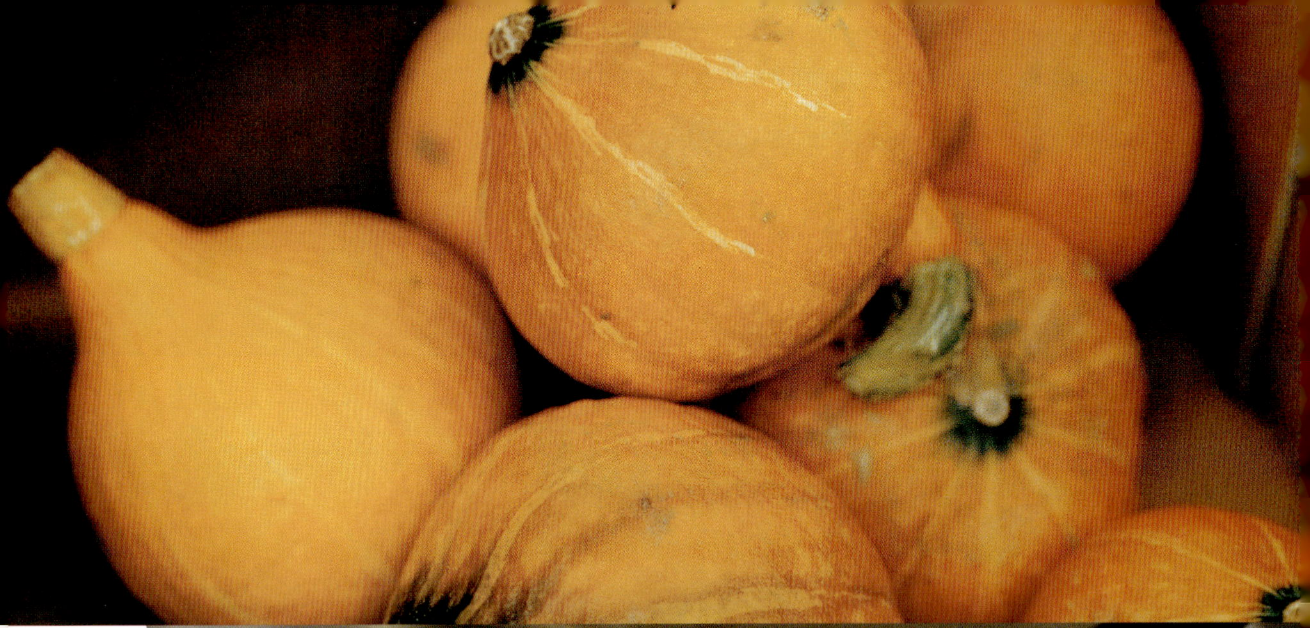

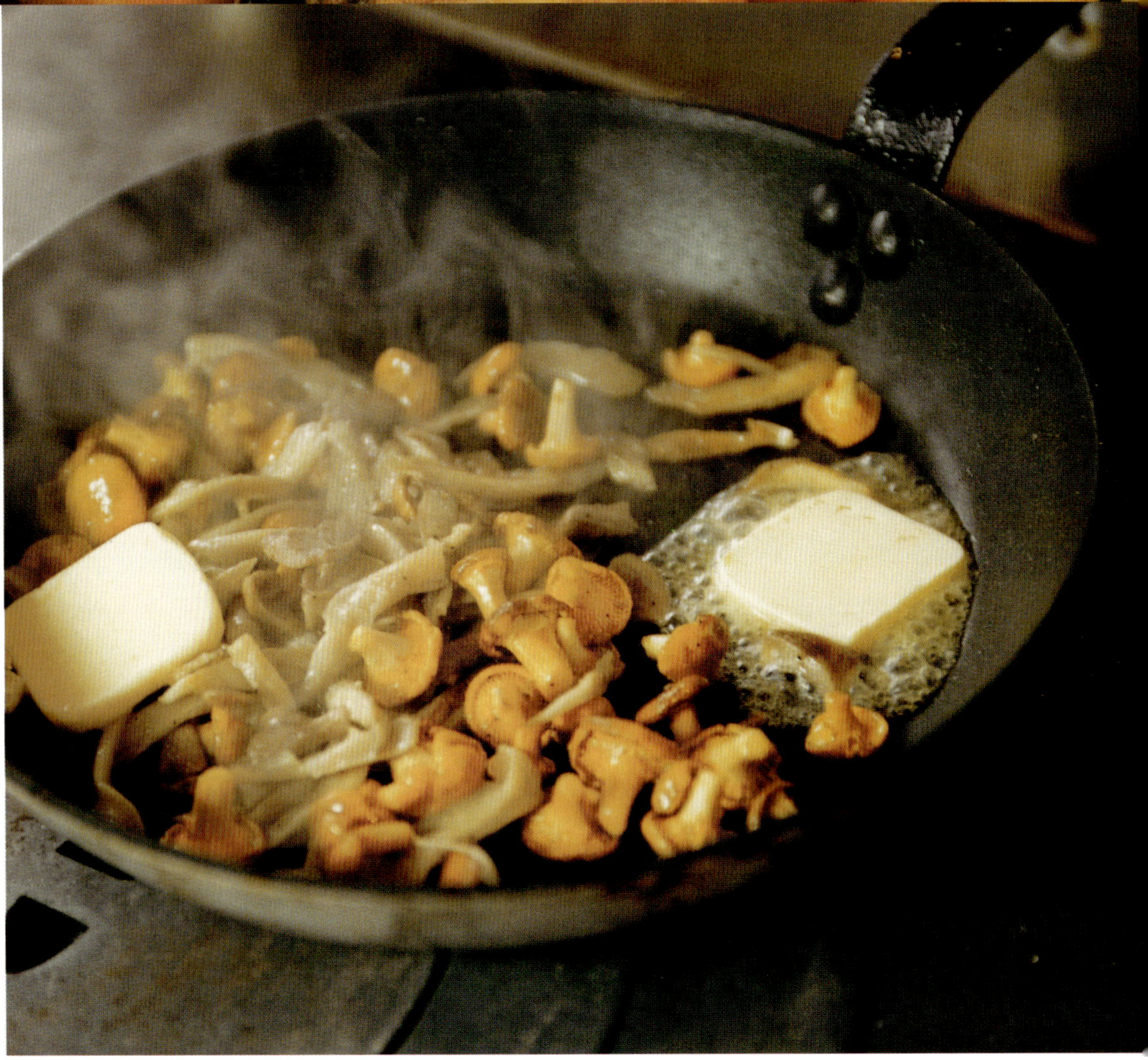

família e amigos | 85

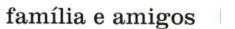

abóbora baby recheada

"Comecei a gostar de abóbora na Austrália e nos EUA, onde é popular há décadas. Esse vegetal versátil é cada vez mais popular aqui (na Inglaterra), e você já pode encontrar uma boa variedade dele"

trifle do gordon

Para 6 pessoas

1½ colher (sopa) de fubá

300 ml de leite

2 vagens de baunilha, sem as sementes

40 g de açúcar demerara

2 gemas de ovo

225 g de morangos

150 g de framboesas

130 g de bolo Madeira

300 ml de creme duplo

Misture o fubá com um pouco de leite em uma panela até obter uma massa homogênea. Adicione o restante do leite com as vagens de baunilha e metade do açúcar. Cozinhe em fogo baixo, mexendo sem parar, até ferver, e então tire do fogo.

Bata as gemas do ovo em uma tigela até clarear. Depois, pouco a pouco, bata com a mistura feita com leite quente.

Ponha de volta na panela e mexa em fogo bem baixo por 2 minutos. Não deixe ferver, para não coagular o creme. Tire do fogo, cubra a superfície com papel-manteiga e deixe esfriar.

Bata 100 g de morangos e 40 g de framboesas no liquidificador ou no processador com o restante do açúcar e 75 ml de água. Transfira para a tigela e misture com a maior parte dos morangos restantes, reservando apenas alguns para decorar. Despeje em uma tigela de servir. Corte o bolo Madeira em quadrados de 2 cm e distribua-os por cima da fruta.

Bata o creme até ficar macio. Retire as vagens de baunilha do creme reservado já frio e misture-o ao creme batido. Distribua a mistura por cima do bolo. Resfrie por 1 hora ou até o momento de servir.

Espalhe os morangos reservados por cima e sirva o *trifle*.

pudim de abricó no vapor

Para 4–6 pessoas

10 abricós (damascos) frescos
manteiga para untar
100 g de farinha com fermento
125 g de banha
3 ovos caipiras
raspas da casca de ½ limão
½ colher (chá) de fermento químico
60 g de migalhas de pão branco fresco

Calda:

30 g de manteiga sem sal
65 g de açúcar impalpável
75 ml de purê de abricó (veja receita ao lado)
50 ml de creme duplo

Corte ao meio os abricós e retire os caroços. Corte, então, um terço de cada metade, horizontalmente à base, para obter fatias arredondadas. Unte com manteiga uma forma de pudim. Acomode as fatias de abricó no fundo dela, subindo um pouco pelos lados.

Bata o que sobrou dos abricós num liquidificador. Reserve 100 ml desse purê para o pudim e o restante (cerca de 75 ml) para a calda.

Ponha a farinha, a banha, os ovos e as raspas da casca de limão em um processador e bata por 30 segundos. Adicione o fermento, o purê de abricó e as migalhas de pão e bata por mais 30 segundos. Com cuidado, despeje a mistura na forma.

Cubra o topo da forma com uma camada dupla de papel-manteiga, fazendo uma prega no centro. Amarre abaixo da borda com um barbante. Ponha em uma caçarola contendo água fervente suficiente para chegar à metade da forma. Tampe muito bem e cozinhe no vapor por 2 horas, pondo mais água quando necessário.

Para fazer a calda, derreta a manteiga em uma panela pequena, adicione o açúcar e mexa até dissolver. Aumente o fogo e cozinhe até obter uma calda com a consistência de um melaço. Tire do fogo e misture ao purê de abricó e ao creme. Mantenha aquecido.

Desenforme o pudim em um prato aquecido, despeje sobre ele a calda de abricó e sirva imediatamente.

maçãs e peras assadas na panela COM CALDA DE AMORAS-PRETAS

Para 4 pessoas

2 maçãs grandes

2 peras Williams grandes

4 colheres (sopa) de açúcar de confeiteiro peneirado

200 g de amoras-pretas

250 ml de calda (veja pág. 248)

2 colheres (sopa) de *poire* ou calvados (opcional)

ramos de hortelã para servir

Tire o miolo e depois fatie as maçãs e as peras, mas não as descasque. Aqueça uma frigideira grande, de fundo grosso, até perceber uma onda de calor subindo sobre ela.

Passe no açúcar de confeiteiro as fatias das frutas e coloque-as imediatamente na frigideira em uma só camada. Deixe por alguns segundos até o lado de baixo começar a caramelizar, depois vire-as e deixe mais um pouco. Não cozinhe demais – a fruta precisa ficar firme.

Despeje as amoras em uma tigela grande e esmague-as devagar com um amassador de batatas. Adicione as maçãs e peras caramelizadas, despeje a calda e a bebida por cima e chacoalhe com cuidado. Deixe esfriar, tampe e ponha na geladeira por 2 horas.

Coloque a fruta e a calda em taças e cubra com hortelã para servir.

"Uso essa mesma técnica com pêssegos, nectarinas e mangas. Fruta caramelizada é também a base de minha *tarte tatin*. Use uma panela apropriada para o forno para 'fritar' as frutas, depois cubra-as com uma lâmina de massa folhada e asse a 200°C por 10–15 minutos. Vire numa bandeja e sirva"

família e amigos | 89

"Há algo de muito gratificante em colher a fruta no pé e transformá-la em sobremesa deleitável, geléia e gelatina. Isso, claro, se você vive no campo. Caso contrário, os mercados de produtores e quitandas são boas fontes para frutas moles da estação"

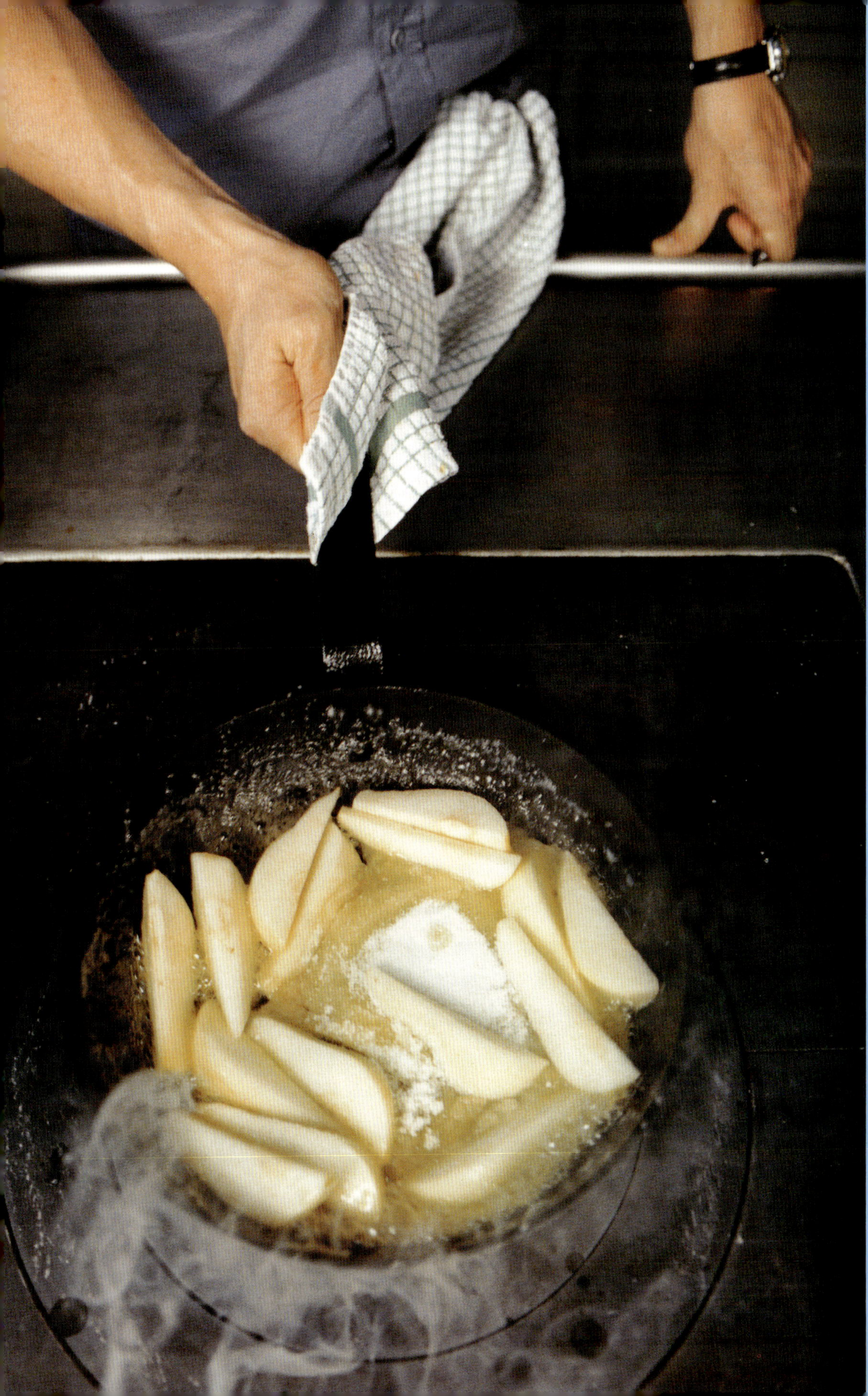

no verão, churrascos

Quando estou em casa no verão, sempre acendo a churrasqueira. É um ótimo jeito de fazer brotar o aroma da comida, sem se limitar a hambúrgueres e embutidos. Peixe, carne, vegetais e frutas, tudo vai bem na brasa. Marinar alimento com antecedência adiciona sabor e mantém os cortes magros suculentos. Use pegadores firmes, garfos de cabo comprido e luvas para evitar queimaduras. Churrasco é um bom meio de espairecer – principalmente se você tiver alguém envolvido com a tarefa"

"Gosto de servir aqueles suculentos camarões-tigre com vinagrete aromatizado para mergulhá-los nele. Basta aromatizar 150 ml de vinagrete clássico com uma pimenta vermelha picada sem as sementes, um talo de capim-cidreira bem picado e um borrifo de suco de limão"

"Esta pasta de especiarias vai bem com pedaços de peixe e de frango. Lembre que o carvão para churrasco precisa dar uma brasa branca, sem chama, ou a comida ficará chamuscada antes de estar cozida como deve"

camarão-tigre na brasa
COM ALHO, CHILLI E CAPIM-CIDREIRA

Para 4–6 pessoas

12 camarões-tigre grandes descascados e sem tripas (deixe a casca do rabo)

2–3 dentes de alho descascados

2 pimentas vermelhas sem sementes

2 talos de capim-cidreira

um pedaço de gengibre, com cerca de 2,5 cm, raspado

4–6 colheres (sopa) de óleo de oliva

sal e pimenta-do-reino

Ponha os camarões em um prato raso. Soque o alho, as pimentas, o capim-cidreira e o gengibre juntos em um pilão, adicionando gradualmente o óleo de oliva até obter uma pasta densa (ou bata ligeiramente no liquidificador). Tempere com sal e pimenta-do-reino. Envolva os camarões com a pasta e deixe marinar na geladeira por 2–3 horas.

Asse os camarões na churrasqueira por 4–6 minutos, virando-os, até que estejam cor-de-rosa e ligeiramente firmes ao toque – não cozinhe demais. Sirva com vinagrete aromatizado, creme azedo ou molho de tomate.

pargo inteiro na brasa
EM FOLHAS DE BANANEIRA COM PIMENTA VERMELHA

Para 4–8 pessoas

4 pargos (cerca de 500–600 g cada um) limpos
4 folhas de bananeira
óleo de oliva para pincelar
um pouco de óleo de gergelim
4 pimentas vermelhas sem sementes e picadas
2 talos de capim-cidreira
2–3 dentes de alho picados grosseiramente
um pedaço de 2,5 cm de gengibre fresco fatiado
sal marinho e pimenta-do-reino
um punhado de folhas de coentro picadas
suco de 2 limões taiti
600 ml de leite de coco

Faça 3 ou 4 cortes de cada lado dos peixes. Estenda as folhas de bananeira em uma superfície, pincele-as ligeiramente com óleo de oliva e depois borrife com um pouco de óleo de gergelim. Acomode um pargo atravessado no centro de cada folha. (Se você não encontrar folha de bananeira, use papel-alumínio.)

Misture as pimentas, o capim-cidreira, o alho e o gengibre e pressione a mistura dentro dos cortes feitos no peixe. Tempere com sal e pimenta-do-reino, salpique com o coentro e borrife com o suco de limão.

Embrulhe cada peixe em uma folha de bananeira e feche as extremidades. Devagar, despeje o leite de coco nos embrulhos de peixe (encontre uma abertura para fazer isso), depois amarre com barbante. (Se alguma folha de bananeira se romper, recubra-a com papel-alumínio.)

Coloque os embrulhos na churrasqueira e deixe por 25–30 minutos ou até que o peixe fique no ponto. Teste enfiando uma faca – a carne deve se soltar facilmente da espinha.

Para servir, abra a folha de bananeira e, com cuidado, destaque o filé da espinha. Batatinhas quentes e uma simples salada quente são os acompanhamentos ideais.

asas de frango ao limão e pimenta COM SALADA DE CUSCUZ

Para 4–6 pessoas

8–12 asas de frango
suco de 1 limão – reserve as cascas
9 colheres (sopa) de óleo de oliva
2 pimentas vermelhas picadas
2 pimentas verdes picadas
2 pimentões vermelhos
2 pimentões verdes
3 dentes de alho
200 g de cuscuz
1 colher (chá) de cominho moído
sal marinho e pimenta-do-reino
120 g de tomates-cereja cortados ao meio
um bom punhado de coentro picado

Em uma tigela, mexa as asas de frango com metade do suco de limão, 4 colheres (sopa) de óleo de oliva, as pimentas picadas e as raspas de casca de limão.

Enquanto isso, aqueça o forno a 200°C. Misture os pimentões inteiros e os dentes de alho com 4 colheres (sopa) de óleo de oliva e asse por 15–20 minutos ou até que as peles fiquem tostadas e enrugadas. Deixe esfriar na assadeira.

Ponha o cuscuz em uma tigela e despeje nela 200 ml de água fervente. Mexa com um garfo, depois deixe descansar por 20 minutos, mexendo com o garfo a cada 5 minutos para garantir que os grãos fiquem separados e o cuscuz, solto. Polvilhe com o cominho e adicione o restante do óleo de oliva e do suco de limão. Mexa com o garfo e tempere a gosto com sal e pimenta-do-reino.

Tire a pele dos pimentões assados, depois abra-os, elimine as sementes e pique-os. Esprema os dentes de alho para extrair sua polpa macia e misture ao cuscuz com os pimentões picados e os tomates. Misture também o coentro picado a gosto.

Asse as asas do frango na churrasqueira, virando e regando regularmente com a marinada, até que fiquem douradas e inteiramente cozidas. Sirva sobre uma cama de salada de cuscuz.

linguiça de javali
COM MOLHO CHIANTI

Para 4-6 pessoas

500 g de linguiça de javali

Molho:

150 g de manteiga sem sal resfriada e cortada em cubos

3 chalotas fatiadas finamente

1 dente de alho amassado

alguns ramos de tomilho

500 ml de Chianti ou vinho tinto similar

1 colher (sopa) de açúcar mascavo

1 colher (sopa) de mostarda Dijon

um pouco de vinagre balsâmico

sal marinho e pimenta-do-reino

"Não há desculpa para servir linguiça de qualidade inferior quando podemos encontrar facilmente ótimos produtos. Linguiças de javali não têm tempero tão forte quanto você imagina, e vão muito bem com um molho de vinho tinto"

Deixe as linguiças em temperatura ambiente, mas não as fure, se quiser que a gordura escorra naturalmente na churrasqueira.

Para fazer o molho, derreta um pedaço de manteiga em uma panela e adicione as chalotas, o alho e os ramos de tomilho. Cozinhe em fogo alto por alguns minutos, depois acrescente o açúcar e o vinho e leve à fervura, mexendo para dissolver o açúcar. Ferva até o líquido se reduzir à metade. Descarte o tomilho.

Tire o molho do fogo e misture nele a mostarda e a manteiga fria, um pedaço por vez. Borrife com vinagre balsâmico e tempere com sal e pimenta-do-reino.

Asse as linguiças devagar, em braseiro médio, até ficarem coradas e inteiramente cozidas. Sirva em uma cama de purê aromatizado, com o molho de Chianti e pão caseiro.

steaks na brasa
COM MOLHO PICANTE DE PIMENTÃO VERMELHO

Para 4-6 pessoas

4-6 bifes de alcatra ou bistecas com cerca de 200 g cada um
2 colheres (chá) de páprica
2 colheres (chá) de grãos de pimenta-do-reino levemente socados
1 copo de vinho tinto
6-7 colheres (sopa) de óleo de oliva
2 pimentões vermelhos
4 dentes de alho (não descascados)
2 limões
sal marinho e pimenta-do-reino

Estenda os bifes em uma travessa e polvilhe-os com 1 colher (sopa) de páprica e os grãos de pimenta-do-reino socados. Adicione o vinho e 2 colheres (sopa) de óleo de oliva, tampe e deixe marinar por 1 hora em temperatura ambiente.

Enquanto isso, aqueça o forno a 200°C. Misture os pimentões inteiros e os dentes de alho com 2 colheres (sopa) de óleo de oliva, acomode-os numa assadeira e leve ao forno por 15-20 minutos, ou até a pele ficar tostada e enrugada. Deixe esfriar na assadeira.

Esprema os dentes de alho para extrair a polpa mole, diretamente das cascas para o liquidificador. Tire a pele dos pimentões assados, abra-os e remova as sementes. Adicione ao liquidificador e bata até obter uma pasta macia.

Com o motor girando, adicione uma colher (chá) de páprica, o suco de ½ limão e 2-3 colheres (sopa) de óleo de oliva. Tempere com sal e pimenta-do-reino a gosto.

Corte o outro limão e a metade que restou do primeiro em fatias um pouco grossas, removendo as sementes.

Asse os bifes na churrasqueira em fogo alto, com as fatias de limão, por 3-5 minutos de cada lado. Depois deixe descansar em um recipiente aquecido por uns 5 minutos. Sirva-os cobertos com as fatias de limão e acompanhados da pasta de pimentão e alho.

"Prefira *steaks* maturados, com uma boa cor escura e marmorizados. A carne de aberdeen angus é a minha favorita"

costeletas de barnsley
COM MOLHO DE HORTELÃ FRESCA

"Essas bistecas duplas de lombo de cordeiro são ideais para assar na brasa, porque a gordura envolve toda a carne e evita que ela resseque"

Para 4-6 pessoas
4-6 bistecas de Barnsley (criado na cidade inglesa de Barnsley, esse corte consiste em abrir uma bisteca em duas metades, sem separá-las, fazendo-as formar uma peça única, arredondada. N. do T.)
1 colher (sopa) de mel
1 copo de vinho tinto
pimenta-do-reino

Molho de hortelã:
2 colheres (sopa) de açúcar
125 ml de vinagre de vinho branco
1 chalota picada finamente
um bom punhado de folhas de hortelã picadas finamente

Coloque as bistecas de cordeiro em um prato raso grande, borrife com mel, despeje o vinho no prato e moa uma boa quantidade de pimenta-do-reino por cima.

Para fazer o molho, junte em uma panela o açúcar, o vinagre e a chalota, leve à fervura e deixe borbulhar até reduzir-se à metade. Tire do fogo, adicione a hortelã e deixe esfriar.

Asse as bistecas na churrasqueira por 4-6 minutos de cada lado, regando com a marinada. Sirva com o molho de hortelã.

no verão, churrascos | 103

erva-doce na brasa
COM PERNOD E ANIS-ESTRELADO

"Este prato é muito bom para ficar limitado à churrasqueira. Para prepará-lo em espaço interno, grelhe a erva-doce em uma chapa untada com óleo, depois deixe-a assar no forno a 180°C, em um recipiente tampado, por cerca de 30 minutos, até ficar tenra e cheirosa"

Para 4–6 pessoas
3 bulbos grandes de erva-doce (funcho)
2 talos de salsão (aipo) em fatias finas
2 anises-estrelados
sal marinho e pimenta-do-reino
1 copo médio de vinho branco
uma dose de Pernod
5 bolotas de manteiga
2–3 dentes de alho picados
um punhadinho de estragão e salsa picados

Corte a erva-doce, do topo à raiz, em fatias finas e descarte o miolo duro. Tenha pronto um quadrado grande de papel-alumínio.

Grelhe as fatias de erva-doce rapidamente na churrasqueira, virando uma vez, e coloque-as no meio do papel-alumínio. Adicione o salsão e o anis-estrelado e tempere com sal e pimenta-do-reino. Despeje por cima o vinho e borrife com um pouco de Pernod. Salpique com a manteiga e o alho picado e depois com as ervas.

Embrulhe a erva-doce com papel-alumínio e acomode-a na extremidade da churrasqueira. Deixe cozinhar devagar por 20-25 minutos, depois abra o embrulho e sirva.

cogumelos grelhados
COM MASCARPONE, QUEIJO AZUL E MANJERICÃO

Para 4 pessoas

4 cogumelos-ostra ou *shiitakes* grandes (O original pede cogumelos silvestres, grandes, do tipo *flat*, difíceis de encontrar aqui. N. do T.)

1 colher (sopa) de óleo de oliva

125 g de mascarpone

75 g de Stilton ou de outro queijo azul (gorgonzola, *roquefort*)

pimenta-do-reino

um punhado de folhas de manjericão picadas

Esfregue os cogumelos com uma folha de papel de cozinha umedecida ou use uma escova macia para remover qualquer sujeira, mas não os lave. Corte fora os caules.

Pincele uma folha grande de papel-alumínio com óleo de oliva e acomode os cogumelos no centro dela, com as lamelas para cima.

Misture o mascarpone com o queijo azul e tempere-os com bastante pimenta-do-reino. Encha os "chapéus" de cogumelo com essa mistura e salpique com o manjericão picado.

Tendo cuidado com os cogumelos, levante os dois lados opostos do papel-alumínio e dobre-os juntos, fechando em seguida as extremidades do embrulho. Coloque-o na churrasqueira por 10–15 minutos (ou asse no forno a 180°C).

Sirva como entrada com pão *sourdough* ou como acompanhamento de carnes na brasa.

"Adoro cogumelos, especialmente os que crescem naturalmente nos bosques. Geralmente bato um papo com os colhedores de cogumelos para que os tragam ao restaurante – é como se eles pertencessem a um clube secreto. Então os usamos em meu cardápio, mas sei que o que pagamos é uma ninharia pelo tempo que eles levam colhendo"

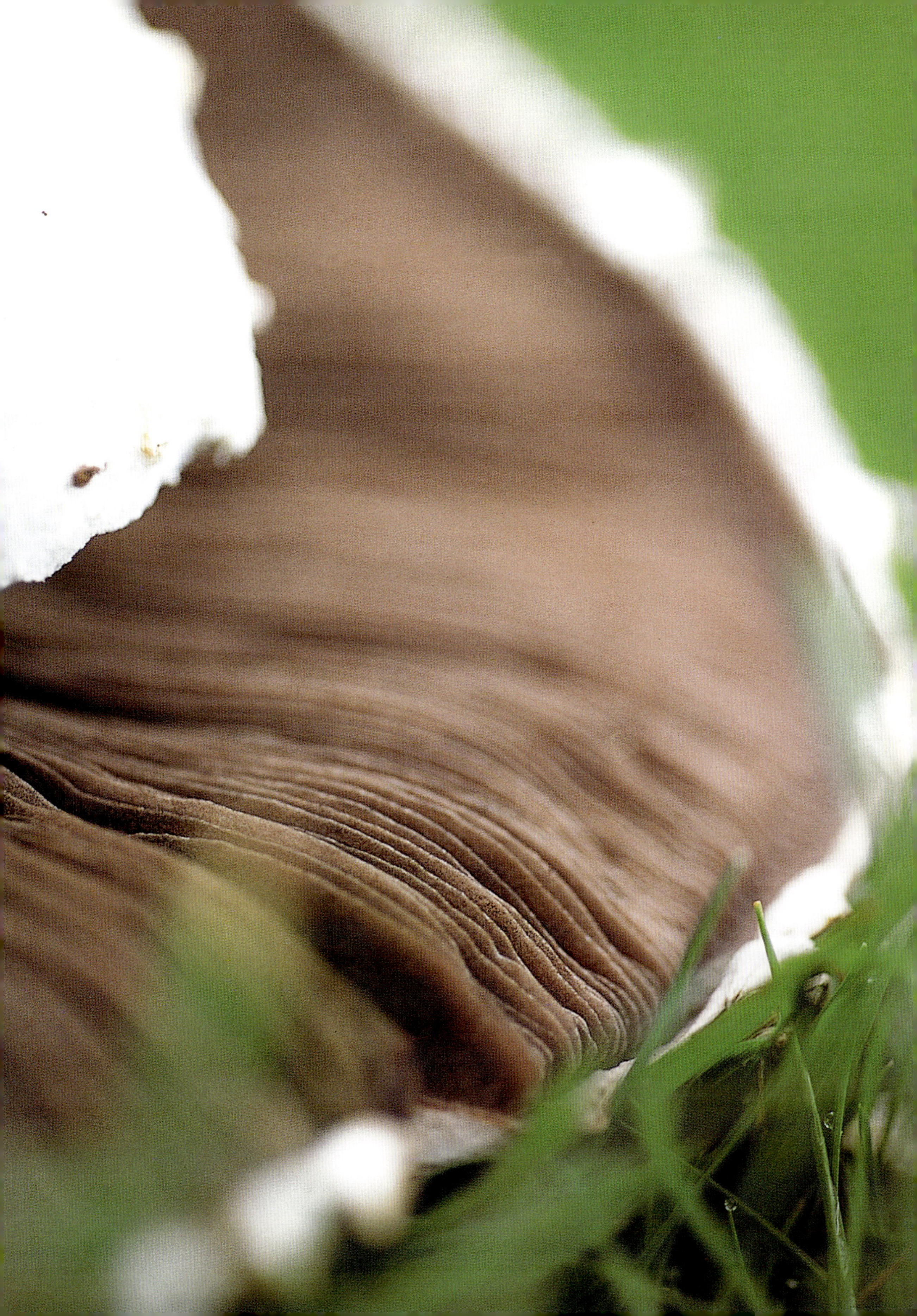

torta de limão
COM COBERTURA CARAMELIZADA

Abra a massa em uma lâmina fina e use-a para forrar uma fôrma de 20 cm colocada sobre uma chapa de assar. Pressione bem as laterais e deixe o excesso de massa caindo para fora. Forre com papel-manteiga e encha com feijão ou arroz seco. Deixe na geladeira por 20 minutos. Aqueça o forno a 180°C.

Asse a torta por 12–15 minutos. Remova o papel-manteiga e os feijões e asse por mais 5 minutos. Deixe esfriar e depois apare a massa no nível da borda da fôrma. Leve a massa novamente ao forno a 100°C.

Para fazer o recheio, ponha em uma tigela o suco de limão, o açúcar superfino, as gemas, o creme duplo e 100 ml de água e mexa com um garfo, mas não muito.

Acomode a forma na prateleira do meio e encha-a cuidadosamente com o recheio. Asse por 45–50 minutos, depois desligue o forno e mantenha a torta dentro dele para esfriar devagar. (O recheio deverá estar ligeiramente trêmulo quando desligar o forno.) Leve-a, então, à geladeira e deixe por 1–2 horas.

Polvilhe a superfície com açúcar de confeiteiro e caramelize com um maçarico de cozinha. Deixe esfriar até ficar crocante e repita a operação. Sirva imediatamente.

Para 4–6 pessoas

1 quantidade de massa para torta de pudim (veja a página seguinte)

Recheio:

suco de 1½ limão

180 g de açúcar superfino

6 gemas de ovos caipiras batidas

150 ml de creme duplo

açúcar de confeiteiro

Massa de torta de pudim

"É fácil de fazer em um processador, tendo o cuidado de não bater demais. Ponha no processador 120 g de manteiga sem sal, em temperatura ambiente, e 90 g de açúcar superfino e bata até misturar bem. Adicione então um ovo caipira grande e bata por mais 30 segundos. Junte 250 g de farinha de trigo e processe por pouco tempo, até misturar os ingredientes. Amasse ligeiramente em uma superfície polvilhada com farinha, depois embrulhe em filme plástico e deixe descansar na geladeira por 30 minutos antes de abrir a massa"

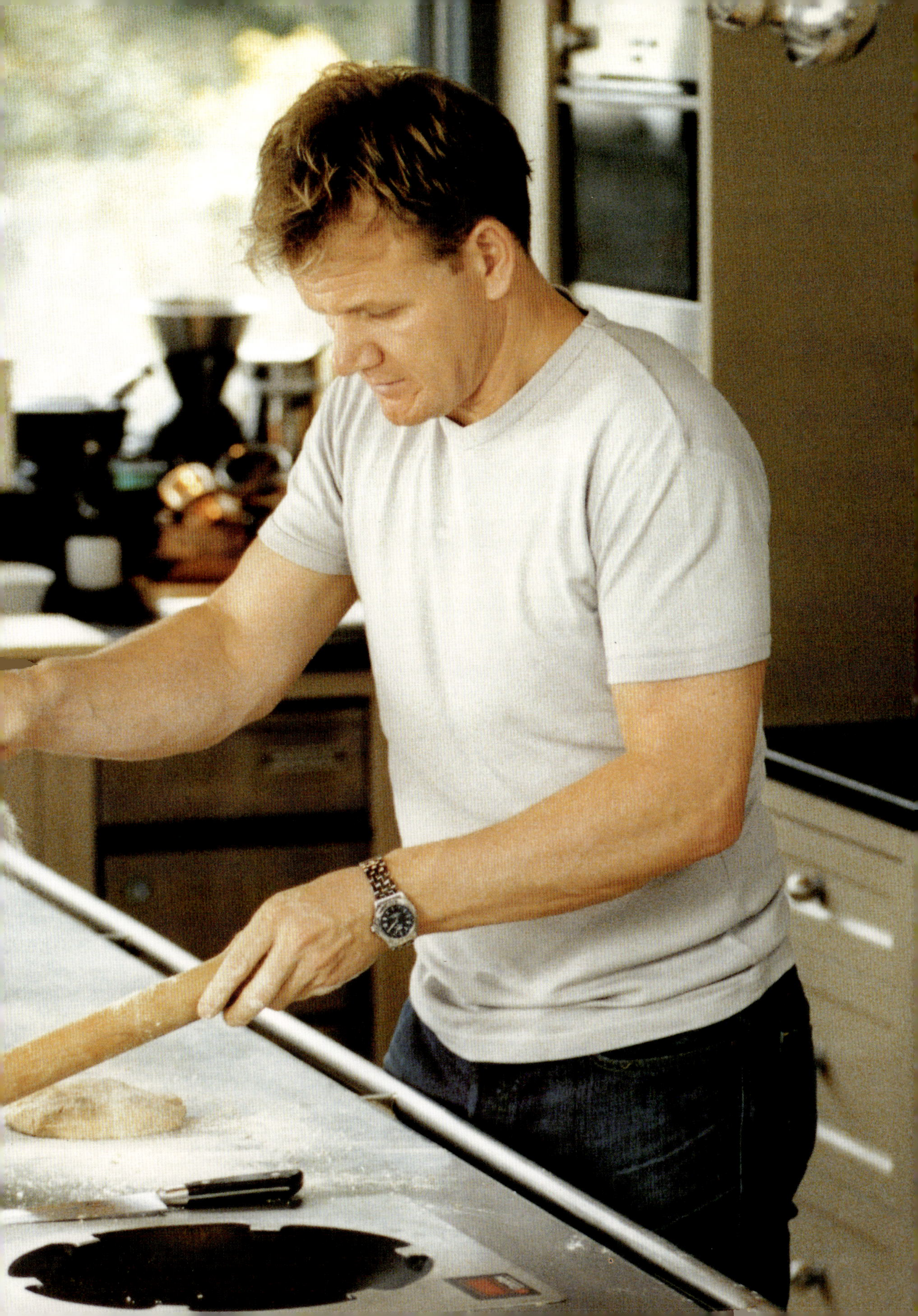

"Como os morangos, as groselhas são sinônimo de verão inglês. Reduza sua acidez cobrindo-as com um glacê e use-as para decorar sobremesas e bolos"

salada de morango de verão
COM GRANITA DE CHAMPANHE

Para 4–6 pessoas
400 g de morangos fatiados
algumas folhas de melissa
   (erva-cidreira) rasgadas
125 g de groselhas
açúcar superfino para cobrir
Granita de champanhe:
125 g de açúcar
suco de 1 limão
3 colheres (sopa) de glucose
   líquida
250 ml de champanhe

Para fazer a granita, coloque o açúcar, o suco de limão e a glucose líquida em uma panela com 250 ml de água e aqueça até dissolver o açúcar. Ferva por 3 minutos e deixe esfriar.

Misture a champanhe à calda já fria, depois despeje em um recipiente apropriado e congele por 2–3 horas, mexendo com um garfo a cada hora para quebrar os cristais de gelo.

Acomode as fatias de morango em um prato grande e salpique com a melissa. Tire raspas da granita e espalhe por cima. Cubra as groselhas com açúcar superfino e acomode-as sobre a salada. Sirva imediatamente.

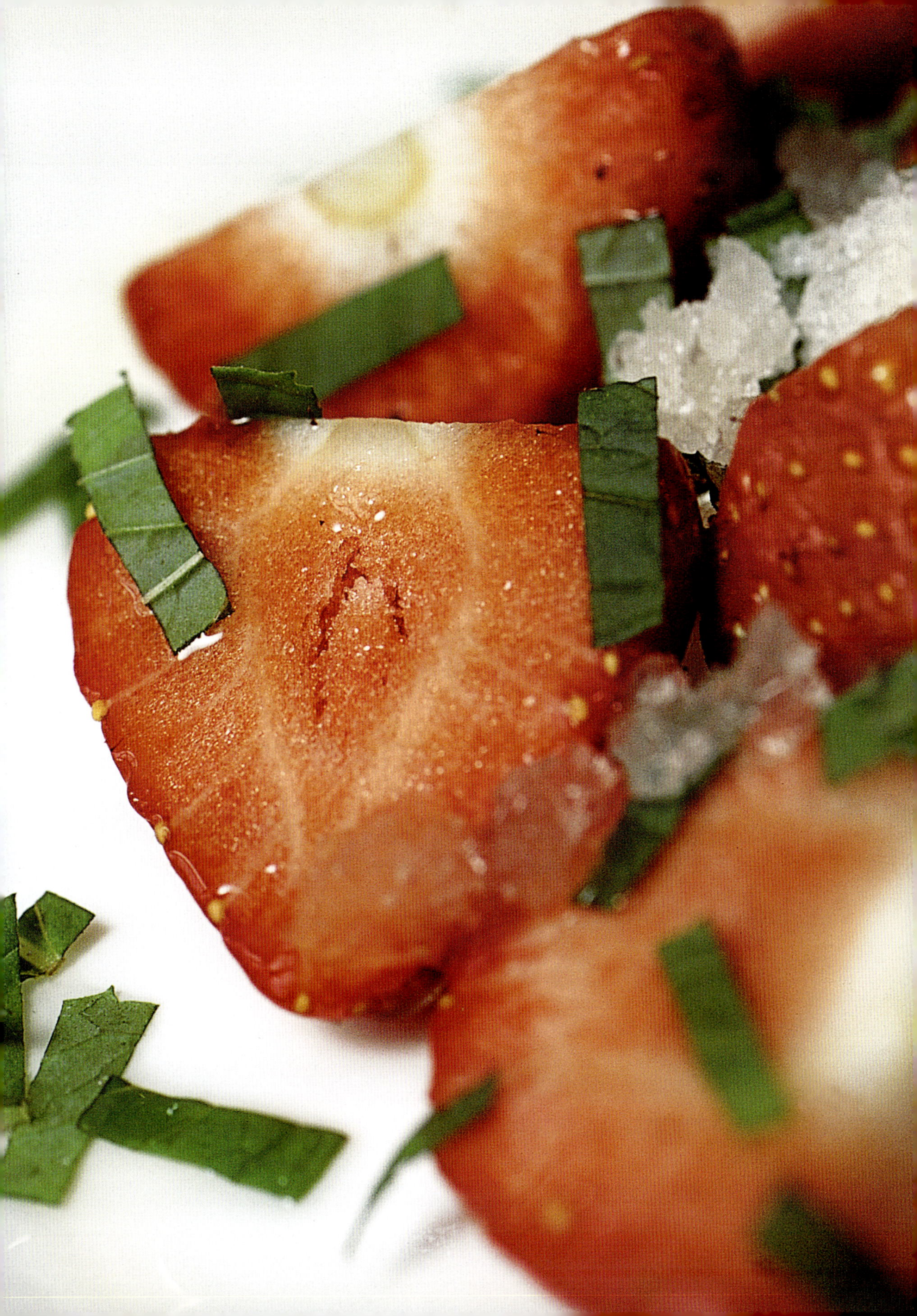

para as crianças

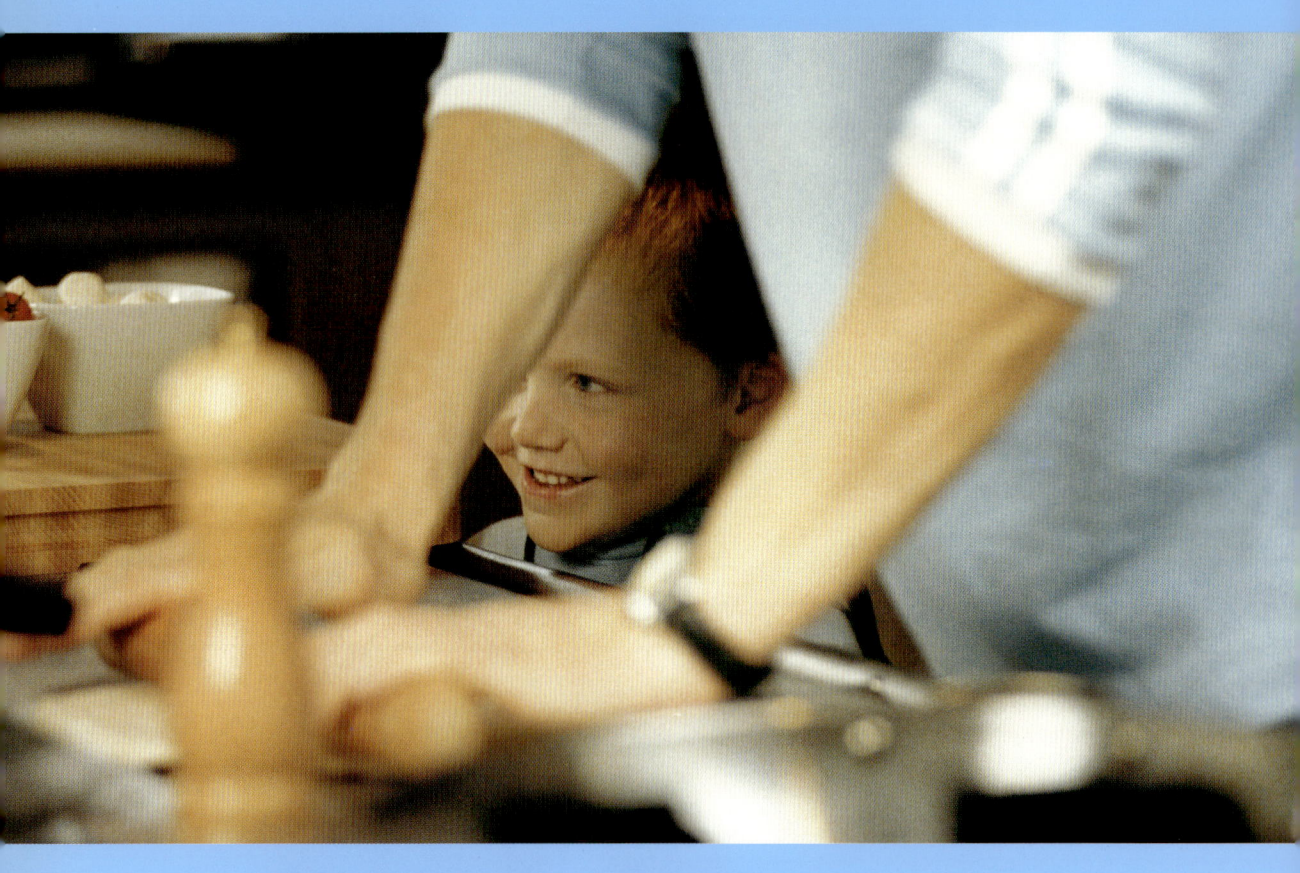

Fazer com que as crianças se envolvam com a cozinha, desde pequenas, estimula-as a apreciar a boa comida.
É surpreendente como uma criança gosta muito mais da comida que ajudou a preparar. Vê-las fazendo seus hambúrgueres e pizzas é muito gratificante – mais ainda pela alegria exibida em suas faces enquanto os devoram. Eu as faço pensar sobre o que é e de onde vem o que estão comendo. Neste ano, estão todas cultivando tomates na horta...
É preciso tornar-se competitivo.

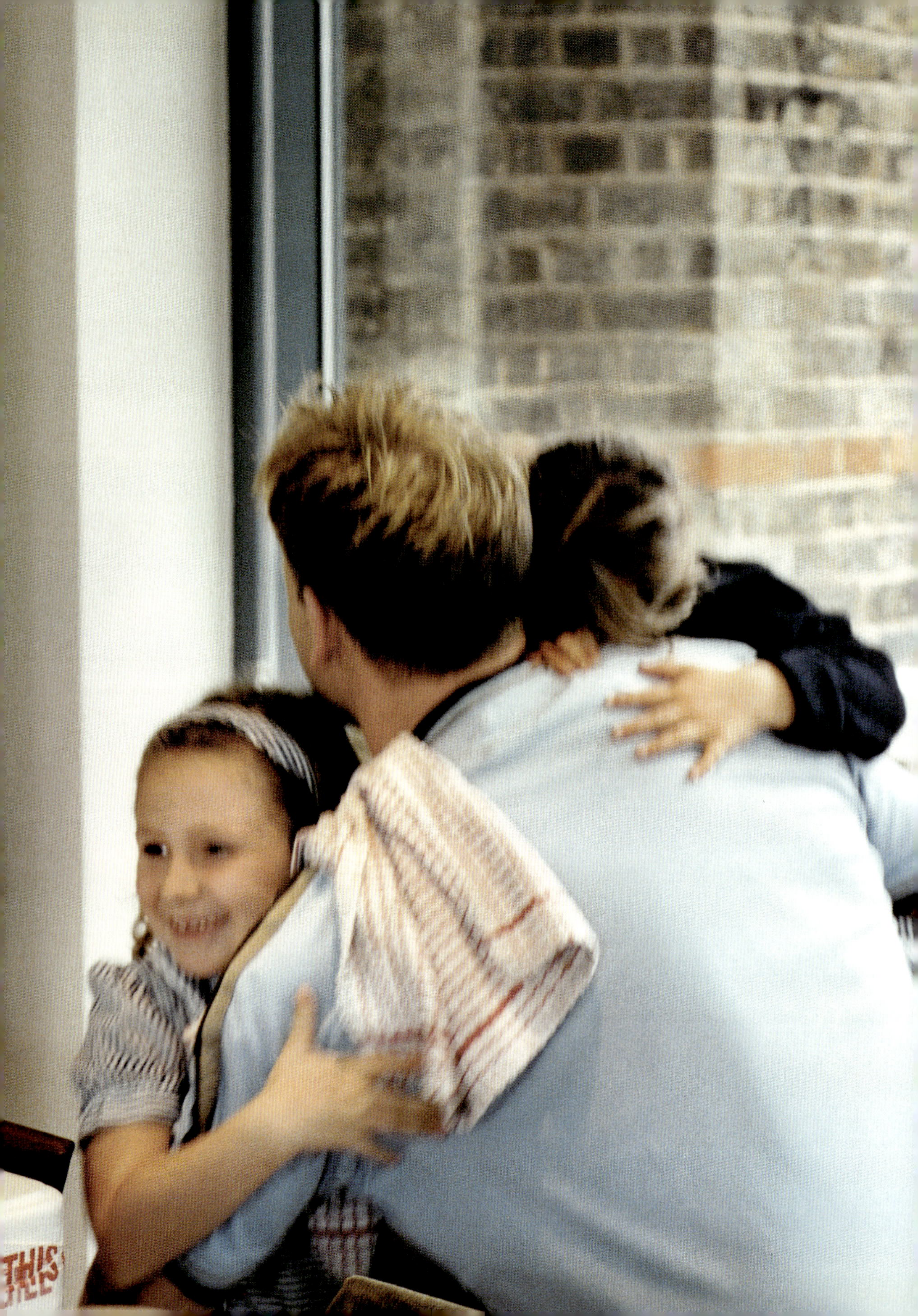

para as crianças | 115

sopa de vegetais em pedaços

Para 4–6 pessoas
1,2 litro de caldo vegetal
4 talos de salsão (aipo)
1 cebola fatiada
1 nabo fatiado
1 batata-doce fatiada
400 g de feijão-branco em conserva escorrido
sal marinho e pimenta-do-reino
2 colheres (sopa) de salsa picada
óleo de oliva para borrifar
parmesão ralado na hora

Aqueça o caldo em uma caçarola grande. Adicione o salsão, a cebola, as cenouras, o nabo e a batata-doce e leve à fervura. Abaixe o fogo, tampe e cozinhe por 20 minutos.

Adicione o feijão e cozinhe por uns 10 minutos em fogo baixo. Tempere com sal e pimenta-do-reino a gosto. Bata o feijão rapidamente, usando um mixer, para engrossar um pouco o caldo, mas deixando-o com pedaços consistentes.

Misture a salsa e prove. Ponha a sopa em pratos aquecidos, borrife-os com um pouco de óleo de oliva e sirva, polvilhada com o parmesão.

> "Enchê-las de vegetais é a maneira ideal de alimentar crianças famintas ao voltarem da escola. Toda criança que odeia verduras deve ser tentada a gostar delas. Bastante pão "cascudo" faz da sopa uma refeição como deve ser"

pizza de tomate e muçarela

Para 4–8 pessoas

Massa:

2 colheres (chá) de fermento seco de ação rápida

250 ml de água morna

600 g de farinha de trigo

1 colher (sopa) de óleo de oliva

Base de tomate:

500 g de purê de tomate

um pedaço de manteiga

1 dente de alho esmagado

sal e pimenta-do-reino

Coberturas:

100 g de *bocconcini* (bolinhas de muçarela) cortadas ao meio

300 g de tomates-cereja cortados ao meio

um punhadinho de folhas de manjericão rasgadas

100 g de *pepperoni* (um tipo de lingüiça seca, apimentada), opcional

um pouco de azeitonas (opcional)

sal marinho e pimenta-do-reino

lascas frescas de parmesão

Para fazer a massa, adicione o fermento à água morna, mexa e deixe descansar por alguns minutos. Coloque a farinha em um processador, adicione o óleo e, com o motor girando, despeje nele a água com fermento. Bata até obter uma massa homogênea. Ponha numa uma tigela, cubra com filme plástico e deixe em um lugar aquecido até que dobre de tamanho.

Para fazer a base, ponha o purê de tomate, a manteiga e o alho em uma panela pequena e leve ao fogo de médio para alto. Cozinhe até reduzir o molho à metade. Tempere com sal e pimenta-do-reino a gosto.

Ponha todos os ingredientes da cobertura em tigelas sobre a mesa da cozinha. Aqueça o forno a 220°C. Corte a massa de pizza ao meio.

Abra a massa, uma porção por vez, sobre uma superfície levemente enfarinhada, em um círculo tão fino quanto possível. Coloque cada círculo de massa em uma chapa pesada de assar (ou em uma panela de ferro grande, de fundo grosso, para usar no forno). Cubra a massa com a base de tomate.

Cubra com a muçarela, os tomates-cereja e o manjericão. Adicione outras coberturas se quiser, tempere e salpique com parmesão ralado. Melhor ainda, faça as crianças aplicarem os ingredientes que preferirem.

Asse por 8–10 minutos até dourar, depois corte cada *pizza* em 4 cunhas e sirva.

para as crianças | 117

"Pizzas são fáceis de fazer e mais saudáveis que comida para viagem. Não há limite para as coberturas que você pode aplicar – frutos do mar e vegetais assados são opções saborosas"

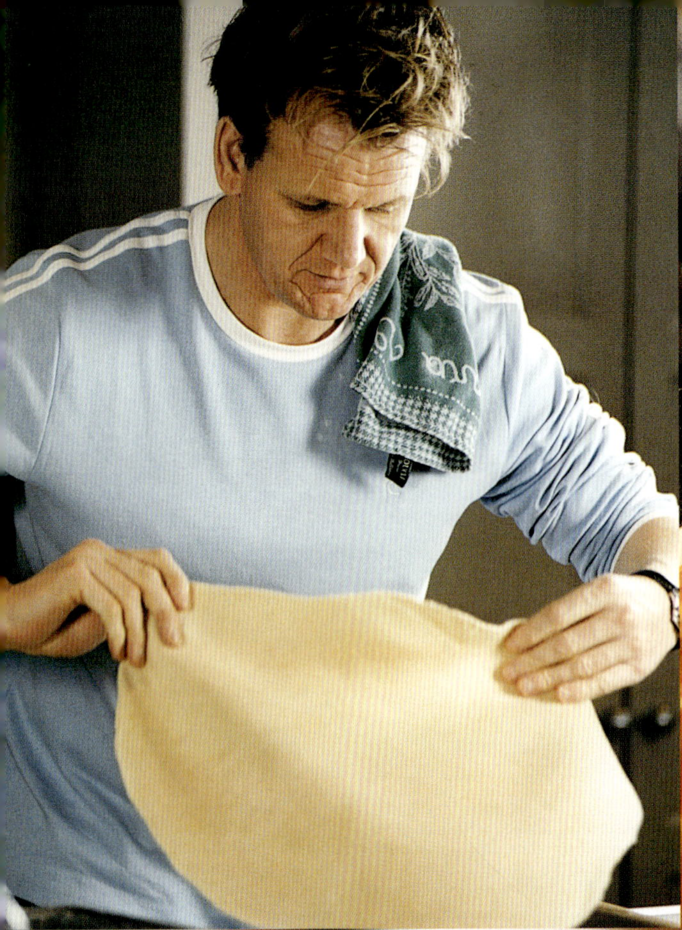
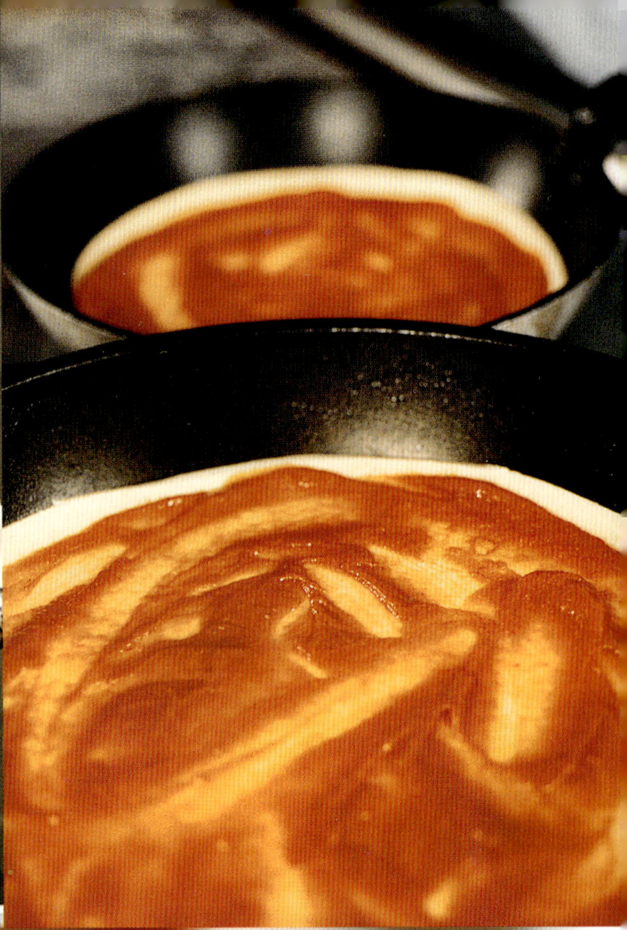
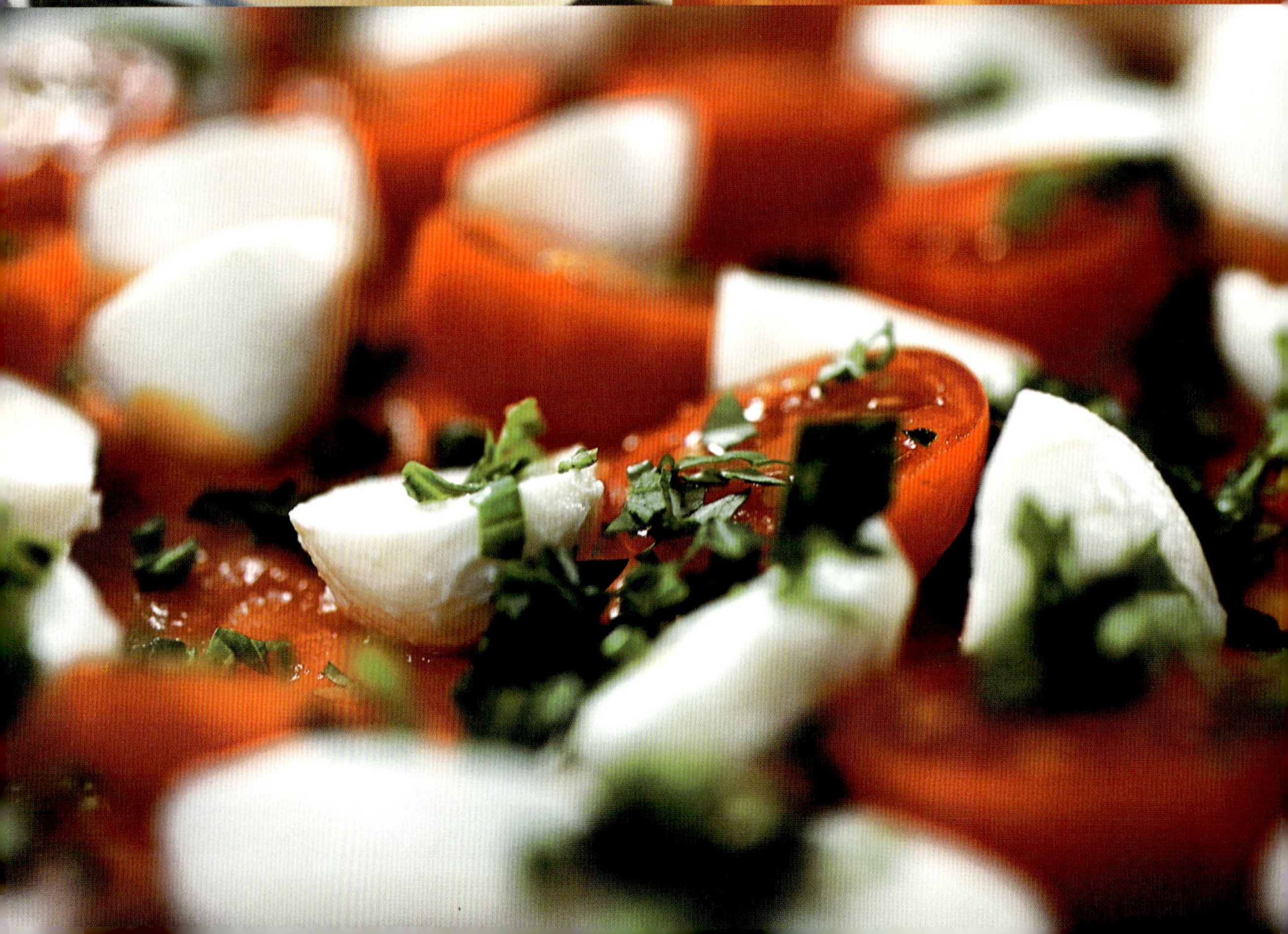

"Acredito que é bom envolver as crianças no preparo da comida, e as pizzas feitas em casa são uma forma brilhante de estimulá-las a experimentar ingredientes diferentes"

bolinhos de salmão

Para 4-8 pessoas

600 g de batatas farinhentas (como as desirée)
   descascadas e cortadas em pedaços

sal marinho e pimenta-do-reino

um pedaço grande de manteiga

1 cebola picada finamente

2 colheres (sopa) de óleo de oliva

400 g de filé de salmão sem couro

1 gema de ovo caipira

1 ovo caipira batido

100 g de farinha de rosca

óleo de amendoim para fritar

> "Para tornar o peixe atraente às crianças pequenas, faça bolinhos. Depois de cozidos, adicione um pedacinho de pimentão vermelho a cada um... Garanto que abrirão um sorriso"

Cozinhe as batatas em água salgada até ficarem macias. Escorra-as e passe-as pelo espremedor diretamente para uma tigela grande (ou amasse bem). Bata com a manteiga e tempere.

Frite a cebola no óleo de oliva até murchar. Adicione a batata amassada. Examine o salmão e, se ainda tiver espinhas, tire-as com uma pinça.

Bata um quarto do salmão em um processador, depois misture-o com a batata e a gema de ovo. Faça fatias com o restante do salmão e envolva-as com a mistura de batata. Tampe e deixe na geladeira por 30 minutos.

Faça 8 bolinhos com a mistura. Passe-os no ovo batido e depois na farinha de rosca para cobri-los. Coloque-as em uma bandeja e leve à geladeira por mais 30–40 minutos.

Aqueça uma fina camada de óleo de amendoim em uma frigideira grande, adicione os bolinhos de peixe e frite por 2–3 minutos de cada lado até ficarem dourados. Escorra-os em papel absorvente e sirva com tomates-cereja e pepinos cortados.

fusilli com bacon
E ERVILHAS

Para 4-6 pessoas

200 g de *fusilli* seco ou outra massa

sal marinho e pimenta-do-reino

3 colheres (sopa) de óleo de oliva

1 cebola picada finamente

1 dente de alho picado finamente

100 g de fatias de *bacon*

300 g de creme duplo

100 g de ervilhas congeladas

1-2 colheres (sopa) de salsa picada

1-2 colheres (sopa) de parmesão ralado na hora

Cozinhe a massa em uma panela grande com água salgada fervente com 1 colher (sopa) de óleo de oliva por 7-10 minutos, ou até ficar *al dente*. Escorra e enxágue em água fria para remover o excesso de amido. Ponha de volta na panela e reserve.

Aqueça o óleo de oliva restante em uma panela funda. Coloque a cebola e o alho e frite, mexendo, por 2-3 minutos, depois junte o *bacon* e mantenha no fogo até ficar crocante. Adicione o creme e deixe borbulhar até que se reduza à metade.

Adicione as ervilhas e cozinhe por 2 minutos. Tempere com sal e pimenta-do-reino a gosto.

Junte a massa ao molho e aqueça, mexendo, por 1-2 minutos. Salpique com a salsa e o parmesão e sirva em pratos aquecidos.

"Massa é um grande fornecedor de energia e as crianças adoram. Provavelmente, você encontrará na cozinha todos os ingredientes para esta receita simples... e para o que é mais bem balanceado em termos nutricionais"

sanduíche de queijo quente

Para 4 pessoas

225 g de queijo *lancashire* cortado em cubos

1 gema de ovo caipira

2-3 colheres (chá) de molho inglês

½ colher (chá) de mostarda Dijon

1-2 colheres (sopa) de creme de leite

8 fatias de pão branco de boa qualidade

óleo de oliva para fritar

Ponha o queijo, a gema de ovo, o molho inglês e a mostarda em um processador e bata até obter uma pasta homogênea, adicionando creme suficiente para que fique espessa.

Espalhe a mistura sobre 4 fatias de pão e faça sanduíches cobrindo com as restantes. Apare as cascas e corte os sanduíches ao meio na diagonal.

Aqueça uma fina camada de óleo de oliva em uma frigideira e cozinhe os sanduíches por 1-2 minutos de cada lado, ou até ficarem dourados. Escorra-os em papel de cozinha e sirva-os envoltos em guardanapos de papel.

míni-hambúrguer da meg

"Toda criança ama hambúrguer. São tão simples e rápidos de preparar que não consigo entender por que os pais os compram prontos, embalados e com aditivos e conservantes"

Para 6 mini-hambúrgueres

300 g de carne de boi magra ou alcatra picada

1 cebola picada finamente

pimenta-do-reino

2 colheres (sopa) de óleo de oliva

6 minipães de hambúrguer abertos

1 colher (sopa) de maionese

1 colher (sopa) de *ketchup*

4 folhas de alface rasgadas

10 tomates-cereja fatiados

batatas chips

Para fazer suas próprias batatas chips, corte 2 batatas limpas, grandes, em cunhas com cerca de 2 cm de espessura. Ponha numa panela com água fervente e cozinhe por 4 minutos, depois escorra bem. Ponha de volta na panela seca, adicione 2 colheres (sopa) de óleo de oliva e balance a panela para untar os pedaços de batata. Distribua-os por uma assadeira e asse a 200°C por 10 minutos. Sacuda levemente a bandeja para virar os pedaços de batata e asse por mais 10–15 minutos. Escorra em papel de cozinha, tempere com sal e sirva.

Ponha a carne moída e a cebola em uma tigela e misture bem, temperando com pimenta-do-reino. Faça 6 bolas, levemente achatadas, e embrulhe-as com filme plástico. Refrigere por 30 minutos ou até a hora de conzinhá-las. (Isso pode ser feito um dia antes.)

Coloque uma frigideira de fundo grosso com o óleo de oliva sobre fogo alto por 2–3 minutos. Quando estiver quente, adicione os hambúrgueres e pressione-os levemente para baixo. Cozinhe por 3 minutos cada lado, diminua o fogo e cozinhe por mais 5 minutos. Apague o fogo e deixe os hambúrgueres descansarem na panela por 5 minutos.

Acenda o grill e toste levemente os dois lados das metades de pão. Misture o *ketchup* e a maionese em uma pequena tigela.

Ponha a alface nas superfícies dos pães, cubra-a cada uma delas com um hambúrguer e depois com fatias de tomate. Espalhe a mistura de *ketchup* por cima e termine os sanduíches cobrindo-os com suas respectivas metades de pão; pressione levemente. Sirva com batatas assadas no forno.

pirulitos de iogurte com fruta

Faz 4

1 manga grande, 6 abricós ou 3 peras, descascados, cortados ao meio e sem caroço
65 g de açúcar superfino
500 g de iogurte natural

Bata as frutas no liquidificador ou no processador com 1 colher (sopa) de açúcar até formar um purê homogêneo. Coe passando para uma tigela, tampe e ponha na geladeira.

Despeje o iogurte em uma tigela, adicione o restante do açúcar e mexa bem passa dissolver. Divida a mistura por 4 moldes de pirulito ou copos de plástico fortes e deixe no *freezer* por 1 hora.

Misture, mas não muito, o purê de frutas com o iogurte semicongelado. Coloque um palito ou uma colherinha de plástico no centro de cada pirulito e leve de volta ao *freezer* por 2 horas, ou até que fique sólido.

Guarde os pirulitos em um recipiente apropriado ao *freezer* (a menos que esteja programando consumi-los no mesmo dia). Eles se manterão em bom estado por mais de 2 meses. Para servir, mantenha-os em temperatura ambiente por 5 minutos, depois tire-os dos moldes ou dos copos. Veja as crianças devorá-los!

kebabs de fruta
COM CALDA DE CHOCOLATE

Para 6-8 pessoas

½ abacaxi descascado, cortado ao meio e sem o miolo duro central
2-3 bananas
3 *kiwis* descascados
12-16 morangos
12-16 framboesas
12-16 amoras
12-16 cerejas
200 g de chocolate escuro de boa qualidade

Corte o abacaxi, as bananas e os kiwis em pedaços e acomode-os em um prato grande com os morangos, as framboesas, as amoras e as cerejas. Incentive as crianças a enfiar suas frutas favoritas nos espetinhos de madeira para *kebab*.

Derreta o chocolate em uma tigela sobre água moderadamente fervente. Mexa até ficar homogêneo, depois despeje em forminhas aquecidas.

Sirva os kebabs de frutas com a calda de chocolate morna em que serão mergulhados.

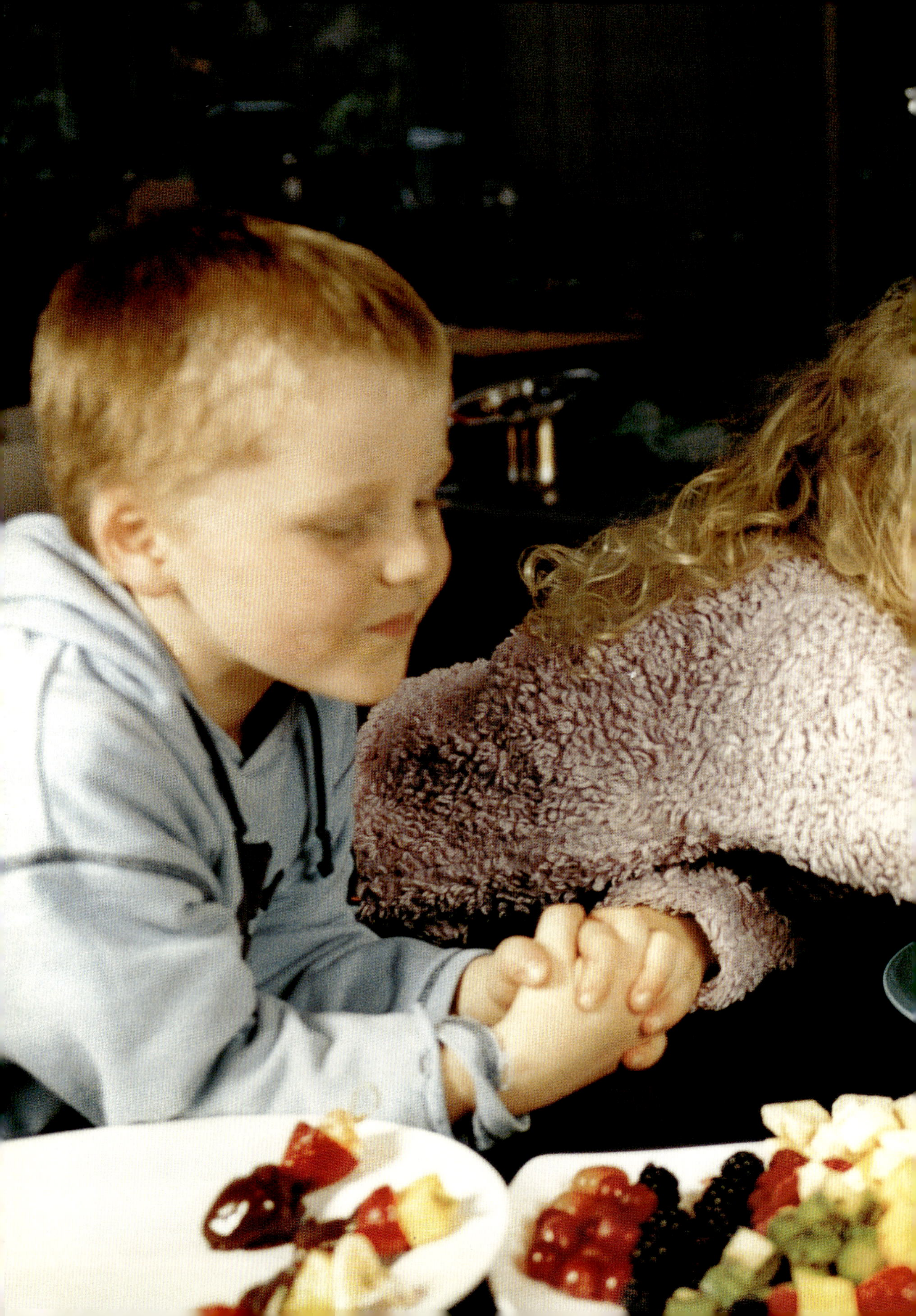

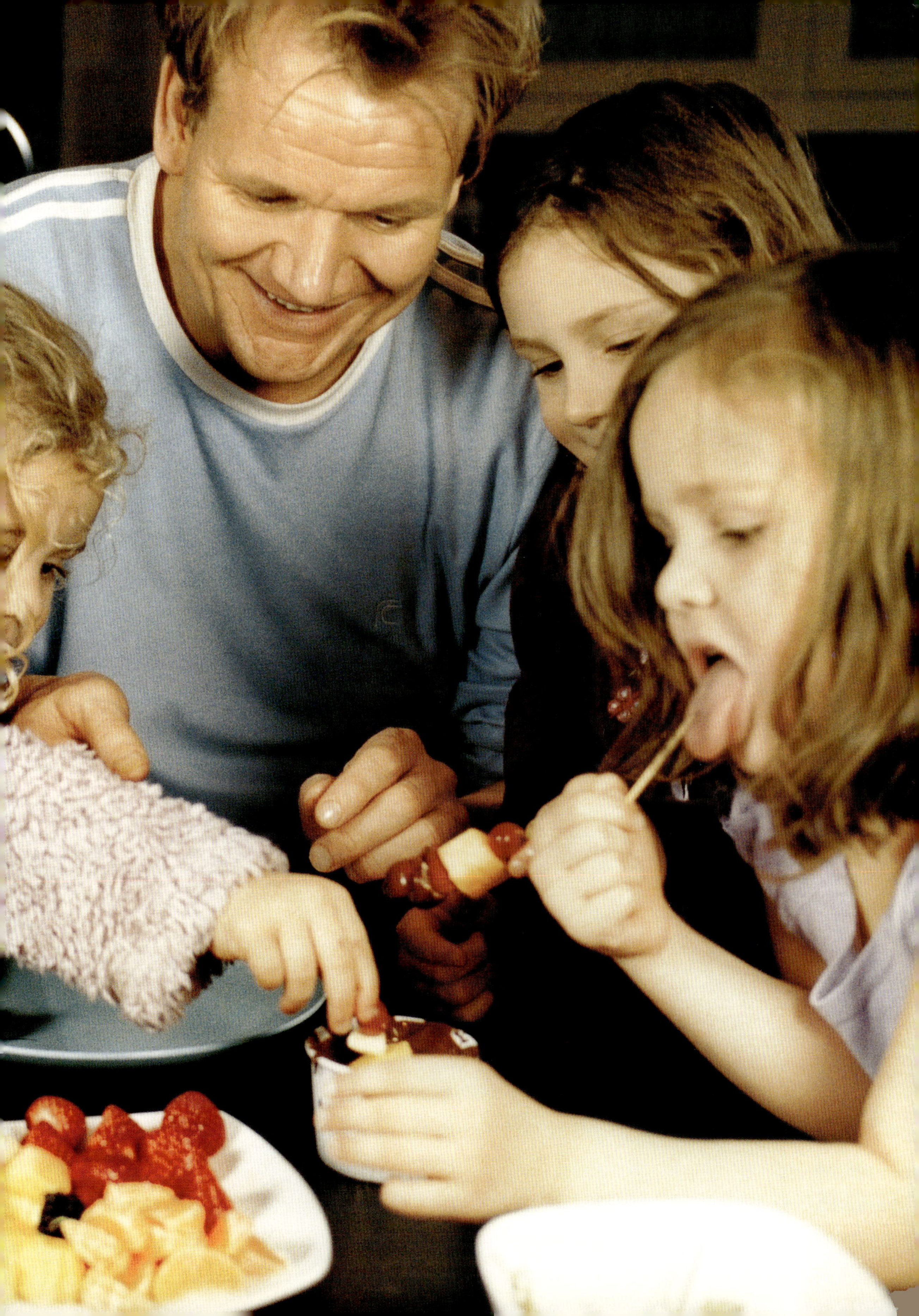

banana split

Para 4–6 pessoas

750 g de morangos

70 g de chocolate escuro de boa qualidade

4–6 bananas de tamanho médio

300 ml de creme duplo

400 g de sorvete de baunilha

Bata os morangos no liquidificador até obter um purê e, então, passe-o por uma peneira fina direto para uma tigela.

Esmigalhe o chocolate e coloque-o em uma tigela sobre uma panela com água moderadamente fervente. Deixe derreter, depois mexa até obter uma pasta homogênea.

Corte as bananas ao meio, no sentido do comprimento, e coloque-as, com a parte cortada para baixo, em uma tigelinha rasa de servir. Reserve um punhado de morangos inteiros. Fatie o restante deles e distribua sobre as bananas, depois regue com metade do chocolate derretido.

Bata o creme de leite até o ponto de *chantilly*. Coloque o sorvete sobre as bananas, depois o creme de leite batido. Despeje por cima o purê de morangos e o restante do chocolate derretido. Coroe com os morangos inteiros e sirva.

> "Quando eu era criança, não saía muito para almoçar fora em família, mas nessas ocasiões era uma farta comilança. Para mim, a melhor parte era sempre o pudim e uma banana *split*, minha sobremesa favorita"

barra de cereais com frutas e mel

Para 9 ou 12 pessoas
300 g de mingau de aveia
70 g de açúcar demerara
3 colheres (sopa) de mel
100 g de uma mistura de frutas tropicais secas, como manga, abacaxi e mamão, picadas finamente
100 g de manteiga sem sal

Aqueça o forno a 180°C. Forre uma fôrma de 20 cm com papel-manteiga. Ponha a aveia, o açúcar e o mel em uma tigela grande, adicione as frutas secas e misture bem.

Derreta a manteiga em uma panela em fogo baixo, despeje nela a mistura de aveia e mexa bem.

Despeje na forma forrada e distribua uniformemente. Pressione firmemente para baixo com o dorso de uma colher.

Asse no forno por 20–25 minutos. Deixe esfriar na forma, depois levante o papel-manteiga para desenformar. Corte em quadrados ou fatias.

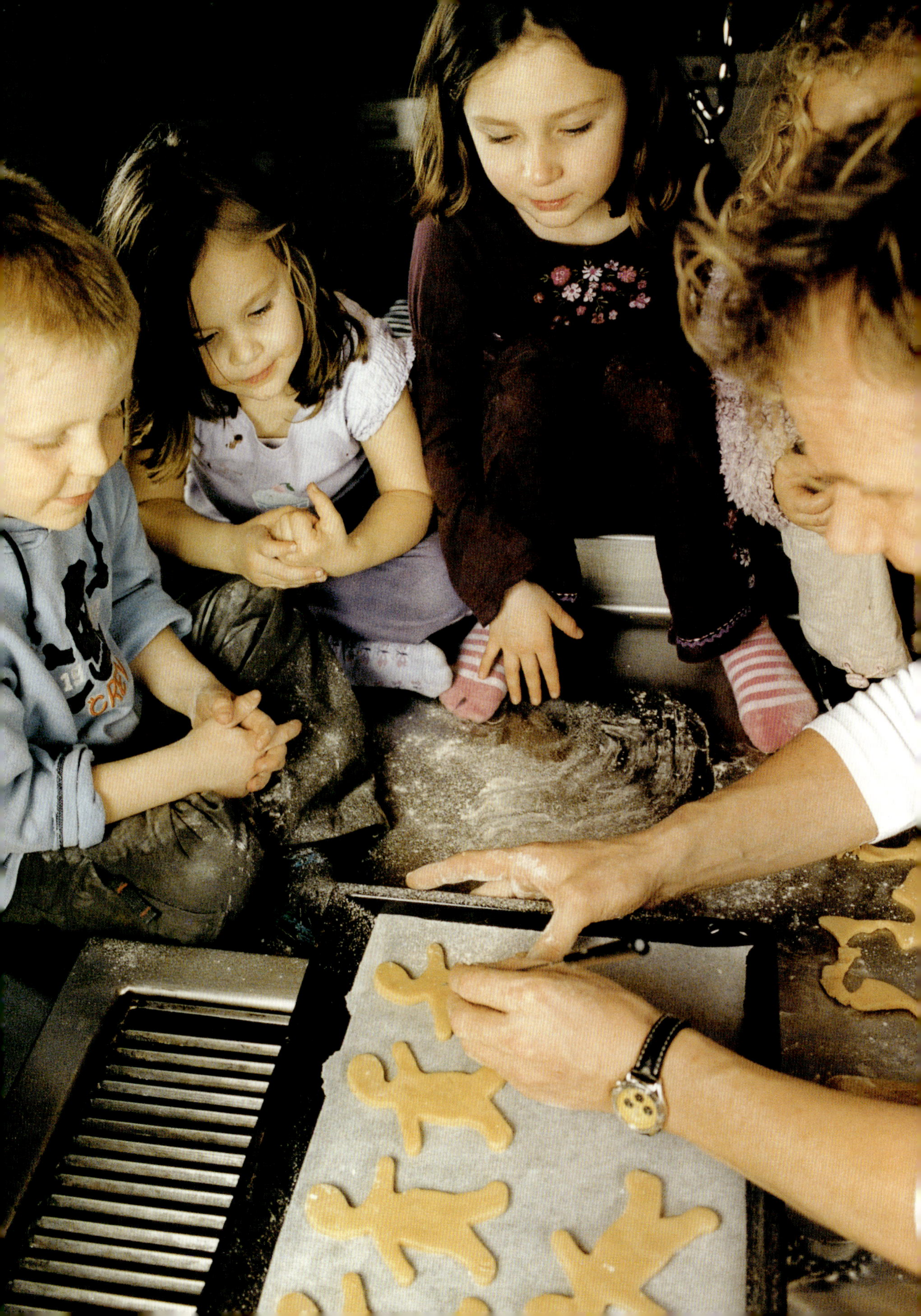

para as crianças | 133

biscoitos de festa

Para 20–24 pessoas
125 g de manteiga sem sal
125 g de açúcar superfino
1 ovo batido
250 g de farinha de trigo
½ colher (chá) de especiarias mistas

Para decorar:
150 g de açúcar de confeiteiro
açúcar colorido
bolinhas prateadas (opcional)

Misture a manteiga e o açúcar em uma tigela até formar um creme leve. Aos poucos, bata o ovo com esse creme.

Peneire a farinha e as especiarias e misture-as bem, primeiro com uma colher de metal, e depois com as mãos. Em seguida, amasse por 1–2 minutos para obter uma massa homogênea e lisa.

Embrulhe a massa em filme plástico e deixe na geladeira por 30 minutos. Aqueça o forno a 180°C. Forre uma forma com papel-manteiga. Divida a massa em 4 pedaços e embrulhe 3 deles novamente.

Abra a massa em uma superfície enfarinhada para obter uma lâmina de 5–7 mm de espessura. Use cortadores de biscoito para fazer figuras, estrelas ou outros formatos. No Natal, use motivos dessa festa e, com um palito, faça um furo perto do topo para poder pendurar os biscoitos na árvore. Coloque na forma. Repita a operação com o restante da massa.

Asse por 10–15 minutos até dourar. Deixe na fôrma por alguns minutos para firmar, depois tire e deixe esfriar em um suporte aramado.

Para decorar, misture o açúcar de confeiteiro com água suficiente para fazer um glacê liso e bem fino. Pincele com ele os biscoitos usando um pincel de confeiteiro e depois polvilhe-os com o açúcar colorido. Se quiser, decore com bolinhas prateadas. Deixe num suporte aramado até o glacê esfriar.

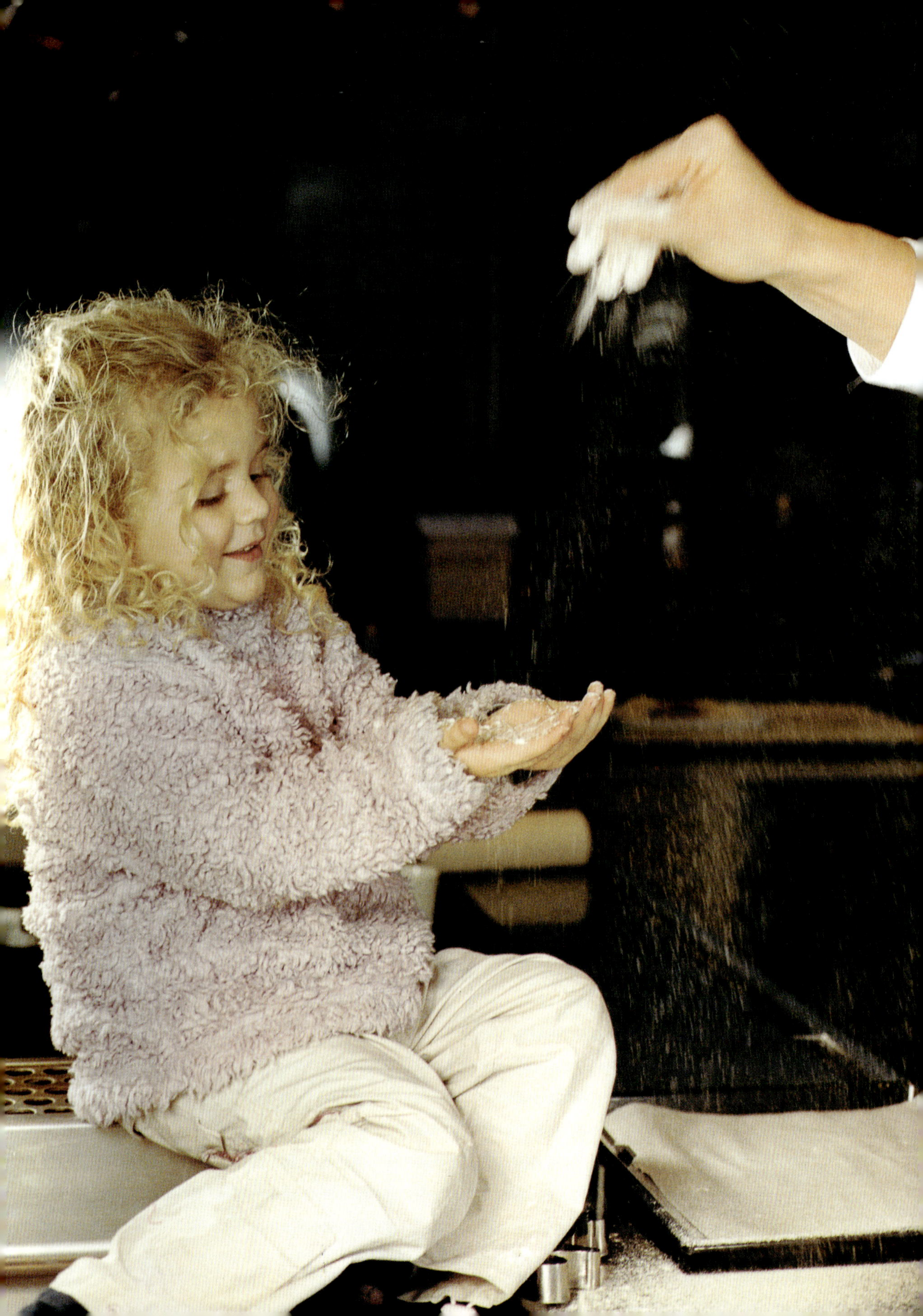

para as crianças | 135

"Cozinhar com as crianças é pura magia. Adoro ver a alegria em suas faces quando elas vêm o resultado do seu trabalho"

bellinis e blinis

Quando Tana e eu damos uma festa, nunca sabemos exatamente quanto iremos servir. Petiscos com coquetéis de champanhe são uma opção fácil. Fazemos canapés antecipadamente e assim podemos nos comportar como convidados em nossa própria festa. Incentivamos amigos a passar as bandejas e isso os mantém reunidos. Sempre me surpreendo com a quantidade de comida consumida. Sugiro 7–10 canapés por pessoa, dependendo da hora. Distribua tigelas com azeitonas e castanhas pela sala e deixe à vontade.

blinis de salmão defumado a

QUENTE COM ALCAPARRAS

Para 25–40 unidades, dependendo do tamanho

50 g de farinha de trigo integral

1 colher (sopa) de fermento seco

700 ml de leite morno

125 g de farinha de trigo sarraceno

125 de farinha de trigo branca

4 ovos caipiras, claras e gemas separadas

manteiga para fritar

Para servir:

200 g de salmão assado ou defumado a quente

125 ml de creme azedo

alcaparras

Ponha a farinha integral e o fermento em uma tigela grande e misture com 475 ml de leite. Mexa bem e deixe em um lugar aquecido por 20 minutos.

Enquanto isso, divida o salmão em pedaços, acompanhando seus contornos naturais, depois cubra e reserve.

Adicione as farinhas de trigo sarraceno e branca, as gemas dos ovos e os 225 ml de leite restantes à mistura de fermento e mexa até ficar homogêneo. Em outra tigela, bata as claras em neve, depois junte à massa com fermento.

Cozinhe os blinis em porções. Aqueça 1 colher (sopa) de manteiga em uma frigideira antiaderente para panquecas pequenas. Despeje nela pequenas colheradas de massa, espaçando-as ligeiramente. Cozinhe por cerca de 1½ minuto até que a superfície fique coberta com bolhas e a parte de baixo esteja dourada.

Vire os blinis e cozinhe-os por mais 1 minuto, depois transfira-os para uma travessa forrada com papel de cozinha e mantenha-a aquecida enquanto cozinha o restante.

Coloque um pouco de creme azedo sobre cada *blini* e cubra com um pedaço de salmão e as alcaparras antes de servir.

minitortas tatin
DE CEBOLA ROXA CARAMELIZADA E QUEIJO DE CABRA

"Blinis são ótimos canapés e você pode variar as coberturas como gostar. Se preferir, use crème fraîche em vez de creme azedo. Para um acabamento primoroso, cubra com um pouquinho de caviar ou ovas de lumpfish em lugar das alcaparras"

Para 24 unidades

2 colheres (sopa) de óleo de oliva
2 cebolas roxas picadas finamente
1 dente de alho picado finamente
1 queijo de cabra firme, curado, com cerca de 125 g, em pedaços
200 g de massa folhada pronta

Aqueça o forno a 200°C. Tenha em mãos 12 miniformas de *muffin*.

Aqueça o óleo de oliva em uma frigideira pequena e adicione as cebolas e o alho. Cozinhe em fogo baixo por 5–8 minutos, ou até que as cebolas comecem a caramelizar. Distribua a mistura de cebola e alho pelas forminhas e acrescente um pouco de queijo de cabra.

Abra a massa folhada, comprima-a e torne a abri-la (isso evitará que ela cresça demais). Corte discos da massa com os quais irá cobrir o recheio das forminhas.

Coloque os discos de massa sobre as cebolas e pressione-os para baixo firmemente. Asse por 5–7 minutos e depois, com cuidado, desenforme as tortas em um suporte aramado. Sirva-as mornas.

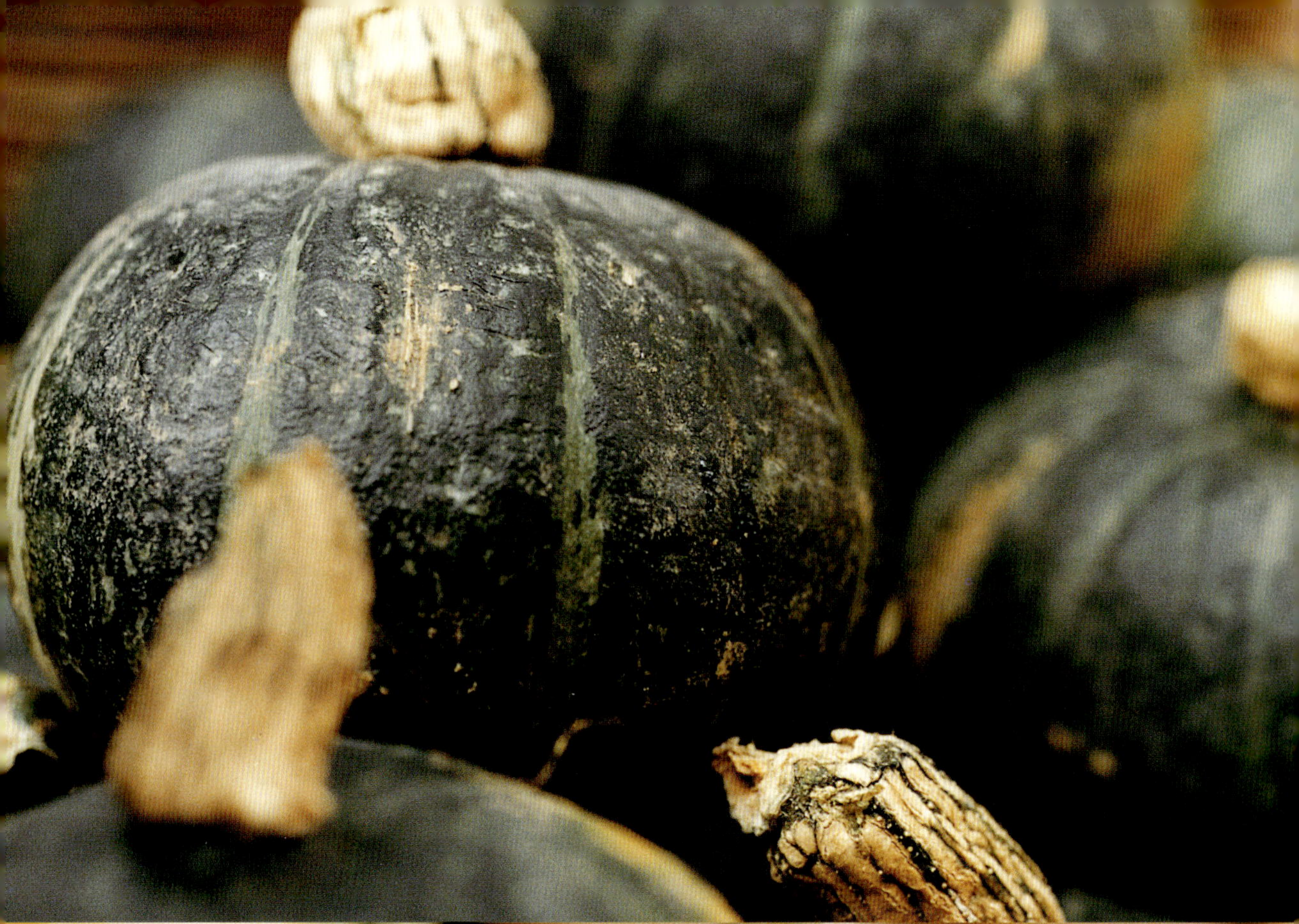

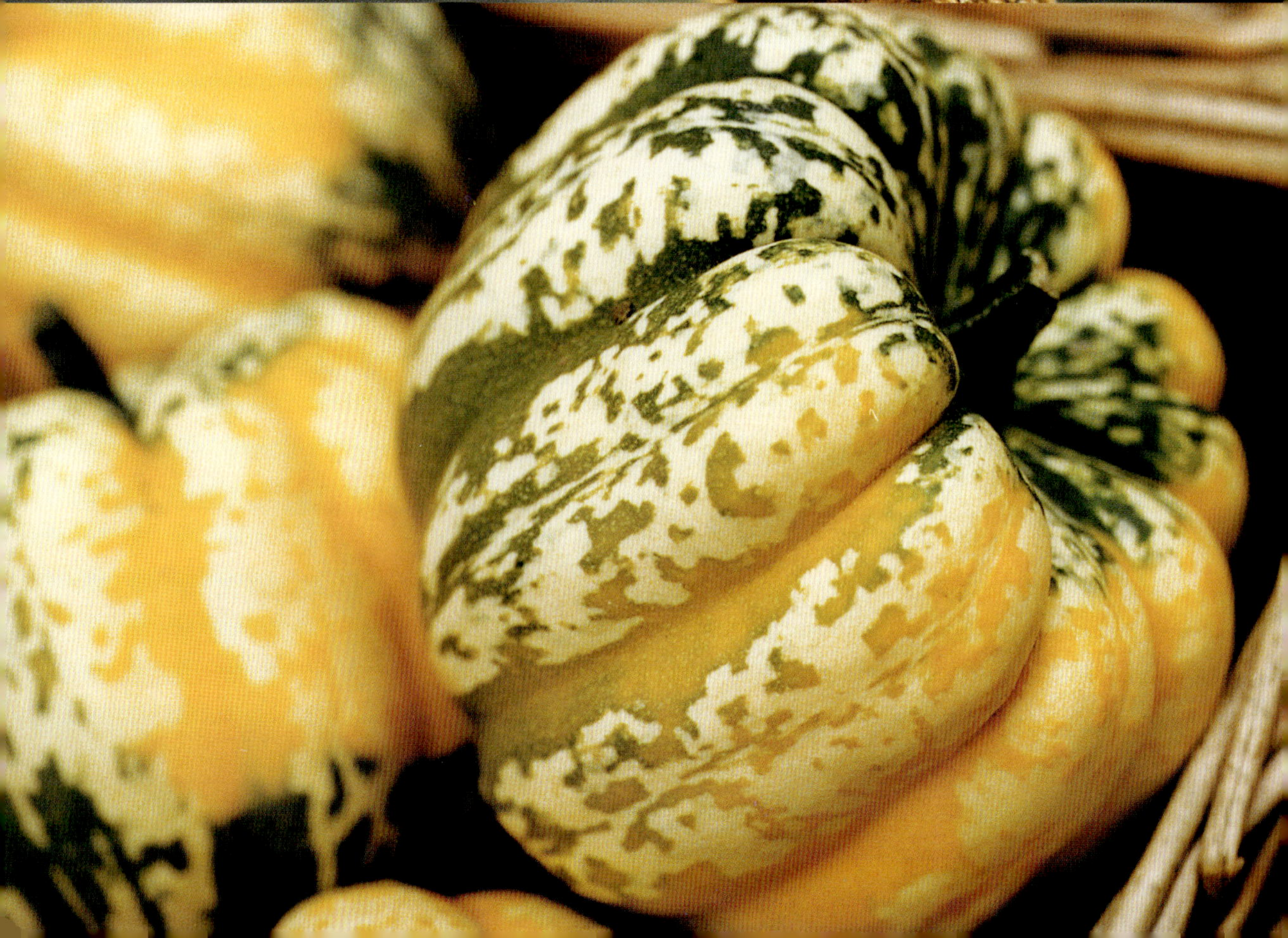

crostini de abóbora assada
COM PANCETTA

Para 20 porções

1 baguete pequena
¼ de abóbora descascada e sem sementes (cerca de 150 g), picada finamente
2 colheres (sopa) de óleo de oliva
sal marinho e pimenta-do-reino
100 g de *pancetta* em fatias
lascas de parmesão fresco

Aqueça o forno a 180°C. Corte o pão em fatias de 1 cm de espessura, coloque-as em uma assadeira e leve ao forno por 6–8 minutos, ou até que fiquem douradas. Deixe esfriar.

Espalhe a abóbora picada em uma assadeira, borrife com o óleo de oliva e tempere com sal e pimenta-do-reino. Asse por 10–15 minutos, ou até ficar tenra.

Enquanto isso, ponha a pancetta em uma frigideira de fundo grosso e frite-a em fogo médio até ficar crocante. Escorra em papel de cozinha.

Acomode a abóbora sobre os *crostini*, distribua a *pancetta* por cima e salpique com lasquinhas de parmesão. Sirva imediatamente.

tempurá de anéis de cebola

Para 10 pessoas
2 cebolas grandes
sal marinho e pimenta-do-reino
3–4 colheres (sopa) de farinha
   para polvilhar
óleo de amendoim para fritar
Massa:
80 g de farinha com fermento
1 gema de ovo caipira pequeno
2 claras de ovo caipira
páprica para polvilhar (opcional)

Corte as cebolas em fatias finas e coloque-as em uma tigela. Tempere com sal e pimenta-do-reino e adicione 3–4 colheres (sopa) de farinha. Revolva as cebolas na farinha.

Para fazer a massa, peneire a farinha em uma tigela e faça um buraco no meio dela, onde deve ser colocada a gema do ovo. Bata com 150 ml de água fria, aos poucos, até obter uma massa homogênea. Em outra tigela, bata as claras de ovo em neve e misture-as à massa.

Aqueça bastante óleo a 180°C em uma panela apropriada. Deixe pronta uma assadeira forrada com papel absorvente.

Frite os anéis de cebola em porções. Um a um, envolva-os com a massa e coloque-os no óleo quente, usando uma pinça de cozinha. Frite por 3–4 minutos até a cebola ficar dourada. Transfira para a assadeira forrada e deixe em lugar aquecido enquanto você frita o restante.

Sirva os anéis de cebola assim que estiverem todos fritos, polvilhados com um pouco de páprica, se você quiser.

polvo baby frito

"Se você não encontrar polvo baby, então use lulas pequenas para esta receita. A maioria dos peixeiros vende lulas baby já preparadas, com as bolsas de tinta e os tentáculos separados. Não cozinhe demais ou você arruinará sua delicada textura"

Para 10 pessoas
500 g de polvos pequenos limpos
100 g de farinha de trigo
sal marinho e pimenta-do-reino
óleo de oliva para fritar
cunhas de limão-siciliano ou taiti para servir

Corte o polvo em pedaços de 3 cm. Ponha a farinha em um saco plástico grande e tempere generosamente. Adicione os pedaços de polvo e chacoalhe o saco plástico até que fiquem totalmente cobertos pela farinha temperada. Deixe preparada uma assadeira forrada com papel absorvente.

Aqueça uma camada de 2,5 cm de óleo de oliva em uma panela pequena e funda. Quando ficar quente, frite os pedaços de polvo em pequenas porções por 2–3 minutos, ou até ficarem crocantes e dourados. Transfira o polvo frito para a bandeja forrada e mantenha em lugar aquecido enquanto cozinha o restante.

Sirva os pedaços de polvo, assim que terminar de fritar todos, com as cunhas de limão.

rolinhos primavera com shoyu

Para 20 unidades

20 g de *noodles* de arroz
2 cebolinhas fatiadas
20 g de feijão-fradinho
1 cenoura ralada
um pedaço de 5 cm de rabanete branco, ralado
1 colher (chá) de molho de peixe
sal marinho e pimenta-do-reino
130 g de massa de rolinho primavera seca, cortada
óleo de amendoim para fritar

Molho: 50 ml de *shoyu* misturado com 1 colher (chá) de *wasabi*

Deixe os noodles imersos em água fervente por 3–5 minutos. Escorra-os e misture-os com a cebolinha, o feijão-fradinho, a cenoura, o rabanete, o molho de peixe e tempere a gosto.

Mergulhe a massa dos rolinhos primavera em água tépida por 15 segundos até ficarem flexíveis. Depois, distribua-as sobre uma superfície limpa. Ponha uma colherada da mistura no centro de cada uma e enrole-as cuidadosamente.

Aqueça bastante óleo em uma panela apropriada a 180°C. Frite os rolinhos, um pouco de cada vez, por 3–4 minutos, ou até ficarem crocantes e dourados. Escorra em papel absorvente e sirva quente com o molho.

"Massa seca para rolinhos primavera pode ser encontrada em supermercados ou no comércio especializado em produtos asiáticos. Varie como quiser – tente camarão, frango ou pato –, mas nunca os recheie demais, senão eles se partirão"

camarões na farinha de rosca

Para 20 unidades

20 camarões grandes, sem casca e sem tripas (deixar a casca do rabo)
1 clara de ovo caipira batida
125 g de farinha de rosca branca fresca
óleo de amendoim para fritar

Pegue cada camarão pelo rabo e mergulhe-o primeiro na clara batida e depois na farinha de rosca. Bata suavemente no camarão para eliminar o excesso de farinha de rosca e vá colocando numa assadeira forrada com papel-manteiga.

Aqueça o óleo em uma frigideira funda a 180°C. Frite os camarões em pequenas porções, colocando um de cada vez no óleo quente, por 3–4 minutos, ou até ficar rosado. Retire e escorra sobre papel absorvente. Sirva morno.

"Adoro flor de abóbora, mas não é sempre que se encontra. Felizmente, fatias finas de abobrinha italiana, feitas num cortador manual de legumes. funcionam bem"

perca selvagem
COM FLOR DE ABOBRINHA

Para 20 unidades
250 g de filé de perca do mar (ou de robalo) com a pele
20 flores de abobrinha ou fatias finas de abobrinha italiana
óleo de oliva
sal marinho e pimenta-do-reino

Aqueça o forno a 200°C. Forre uma assadeira com papel-manteiga.

Corte o peixe em pequenos pedaços do mesmo tamanho. Com cuidado, embrulhe cada um com uma flor de abóbora ou uma fatia de abobrinha e prenda com um espetinho de madeira.

Acomode os espetinhos de peixe na assadeira e borrife-os com um pouco de óleo de oliva. Asse por 4–5 minutos, tire do forno e deixe descansar por 1-2 minutos.

Tempere o peixe com sal marinho e pimenta-do-reino e sirva morno.

> "Sempre uso vieiras pegas à mão (melhores do que as dragadas do leito do mar, junto com pedrinhas e areia). Sugiro que você faça o mesmo"

vieiras em presunto de parma
COM TAMBORIL E ALECRIM

Para 20 unidades

10 vieiras sem as conchas e limpas

10 fatias de presunto de Parma

250 g de filé de tamboril sem pele

2–3 ramos de alecrim

óleo de oliva

Aqueça o forno a 200°C. Fatie as vieiras ao meio, horizontalmente. Corte as fatias de presunto ao meio no sentido do comprimento. Corte o filé de tamboril em pedaços pequenos. Quebre as hastes de alecrim em raminhos.

Embrulhe cada disco de vieira em uma tira de presunto, cubra com um pedaço de tamboril e prenda com um raminho de alecrim (ou dois).

Com cuidado, transfira para a assadeira e borrife com um pouco de óleo de oliva. Asse no forno por 3–4 minutos até ficar firme ao toque.

Deixe descansar por alguns minutos e sirva.

atum crestado com ervas

Para 20 unidades

250 g de filé de atum (do meio do lombo), em um pedaço retangular de cerca de 10 cm de comprimento e 3 cm de lado

pimenta-do-reino

1 colher (sopa) de óleo de oliva

4 colheres (sopa) de salsa picada

4 colheres (sopa) de cerefólio picado

Apare o atum, se necessário, e tempere com pimenta-do-reino. Pincele com óleo de oliva uma folha de papel-alumínio de 20 cm quadrados e distribua as ervas no centro dela. Acomode o atum sobre as ervas e role-o sobre elas para cobrir os dois lados.

Embrulhe o atum com papel-alumínio bem apertado e torça as extremidades do papel para fechar. Role o embrulho de atum para trás e para frente para arredondar o filé. Reserve na geladeira por 20 minutos.

Aqueça uma frigideira de ferro em fogo alto e ponha o embrulho de atum sobre ela para aquecer, por cerca de 15–20 segundos de cada lado. Tire-o do fogo e deixe esfriar.

Ponha o atum embrulhado na geladeira e deixe por pelo menos 30 minutos, ou por até 4 horas.

Para servir, desembrulhe o atum e corte-o em fatias finas com uma faca bem afiada. Sirva imediatamente.

bellinis e blinis | 151

"Como esse peixe é servido cru, é conveniente usar somente atum muito fresco. Peça ao peixeiro para cortá-lo para você"

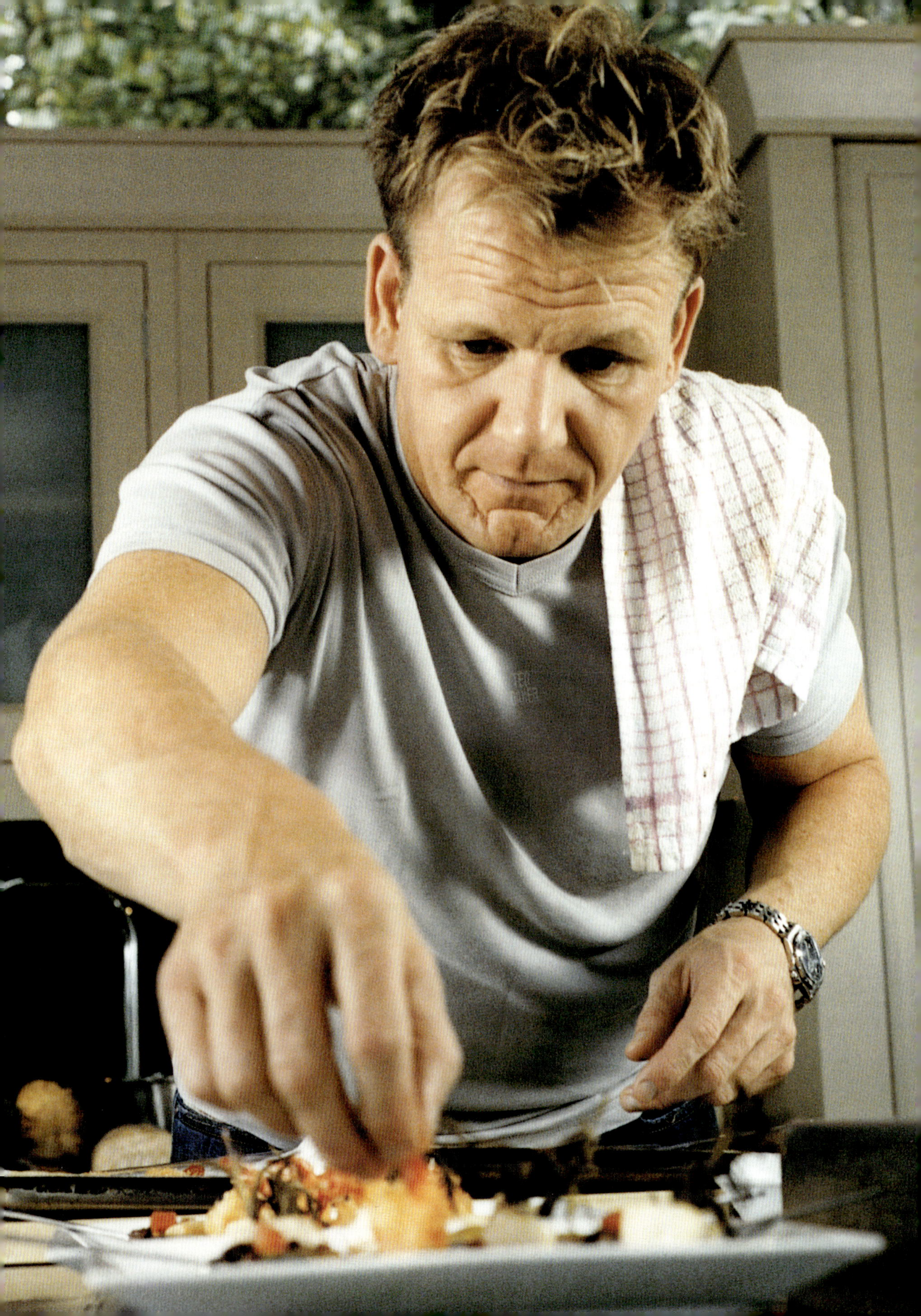

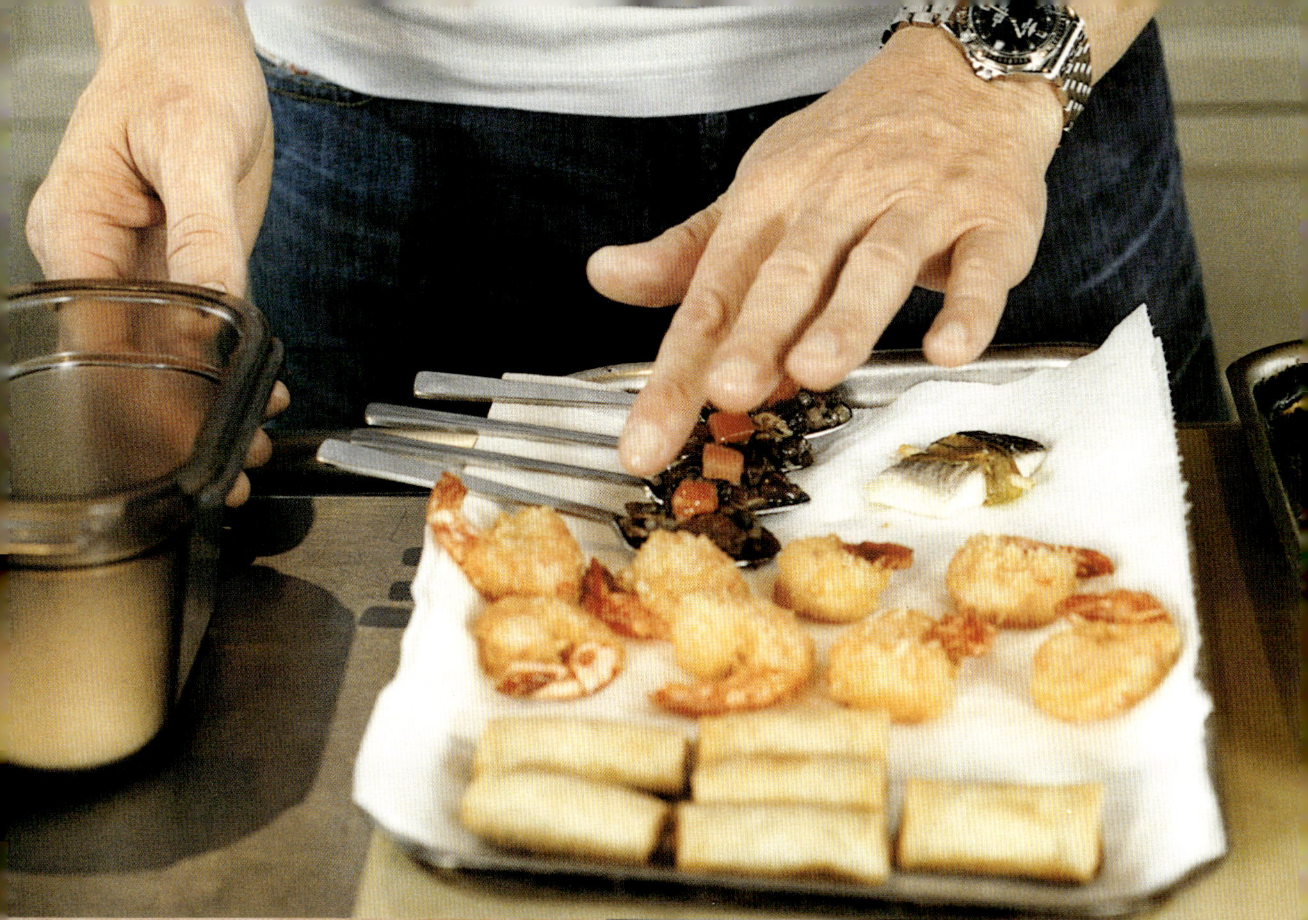

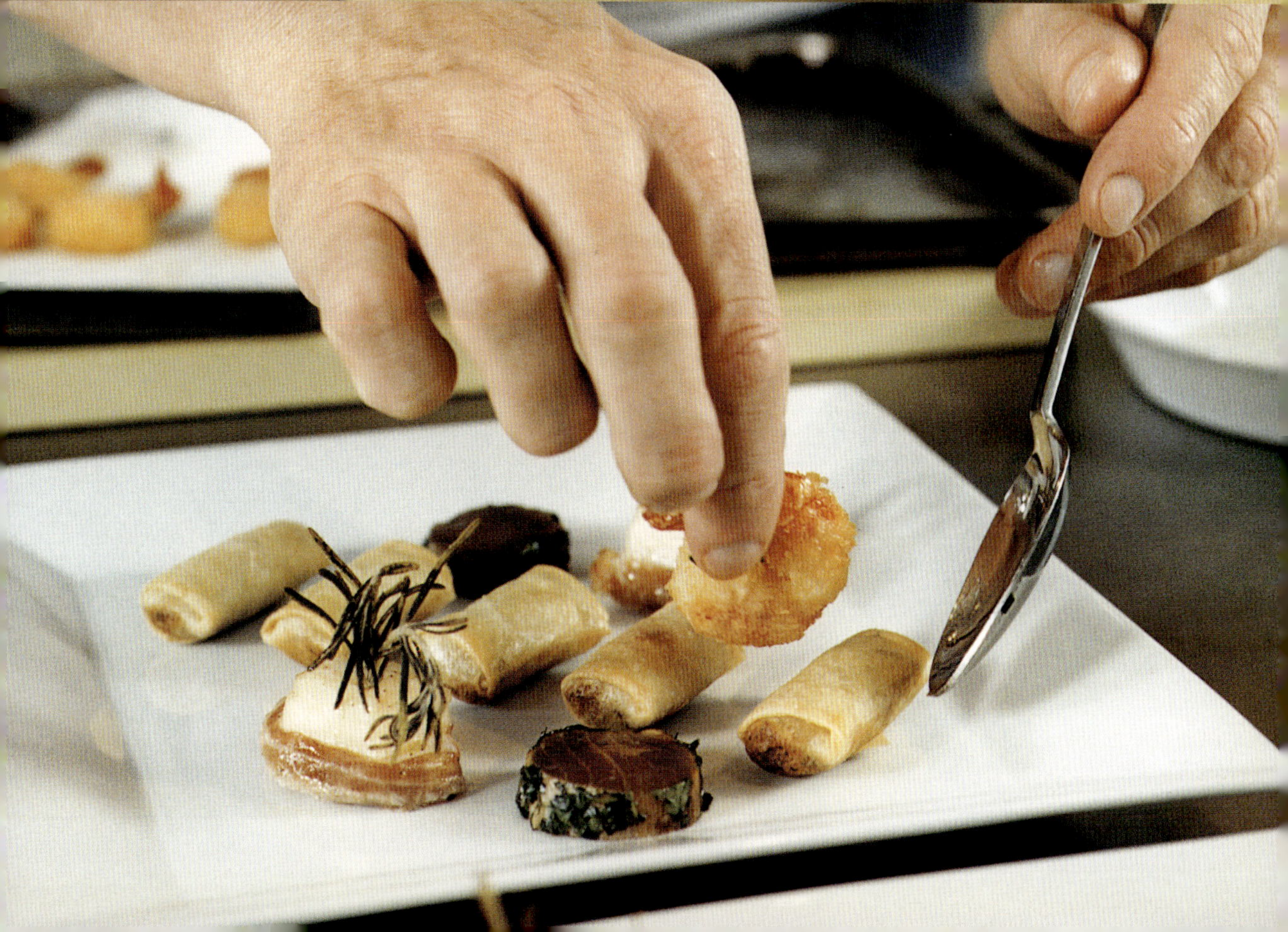

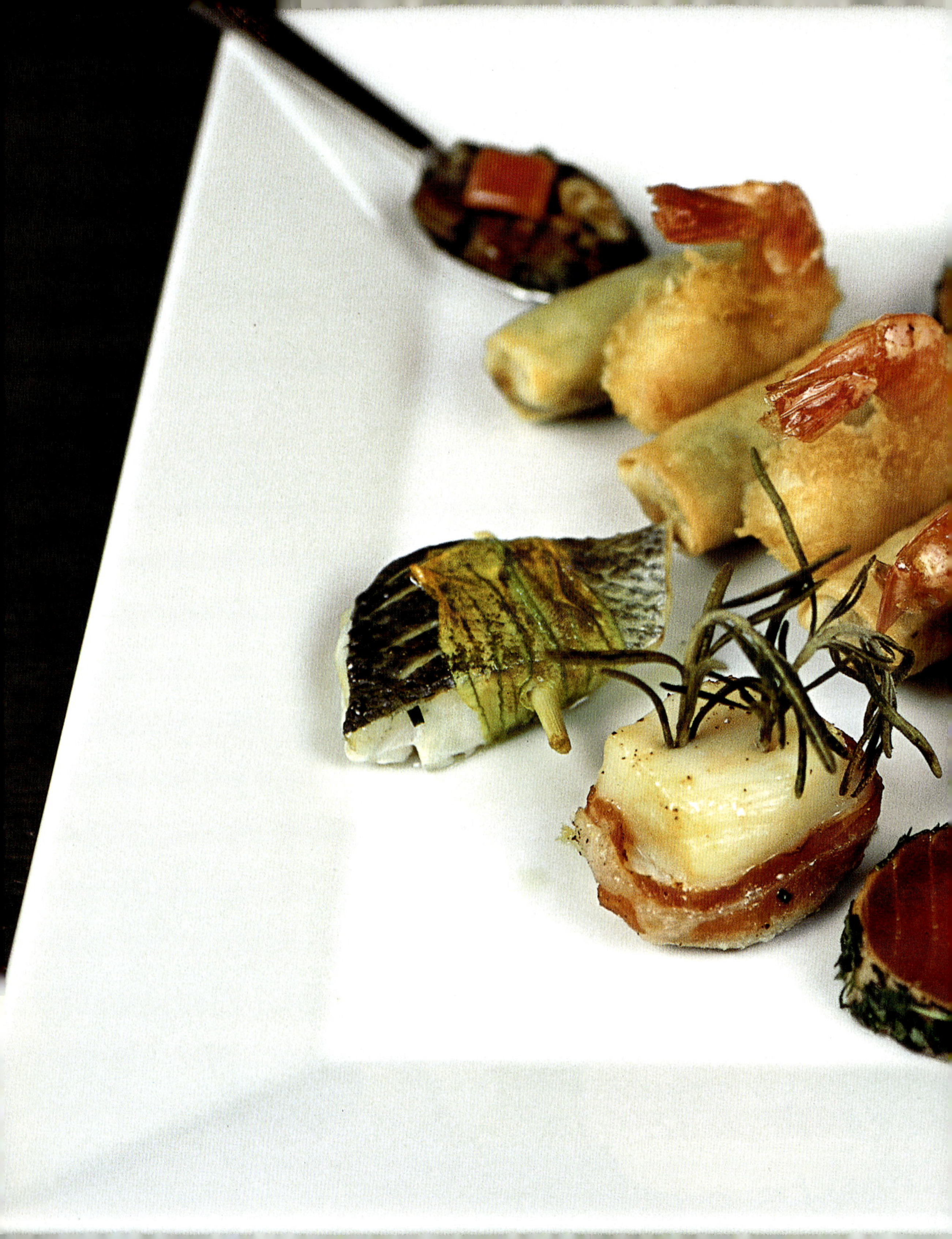

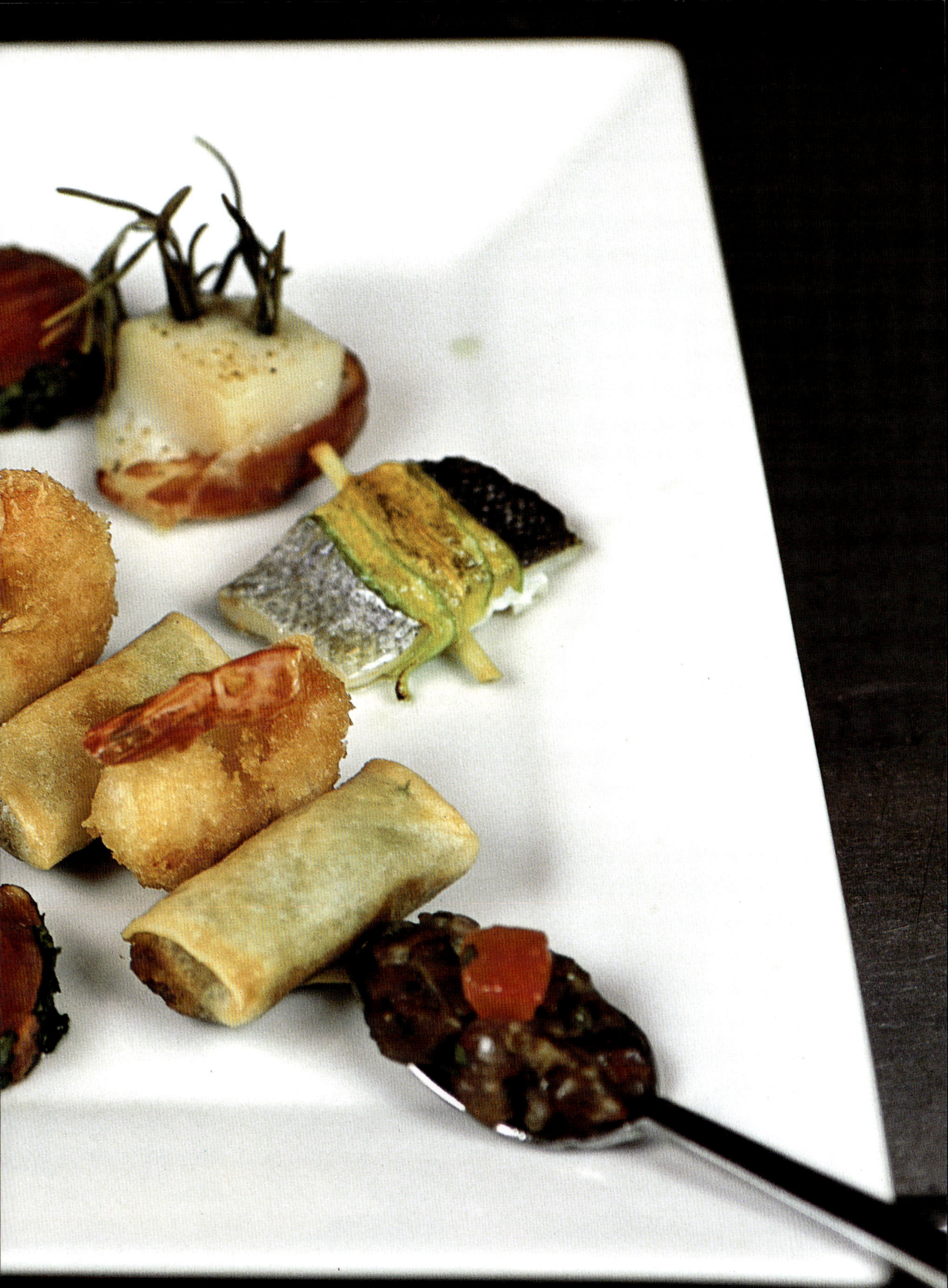

bife tártaro (steak tartare)

"Carne de primeira é a chave para esta receita, e é melhor que seja moída na hora pelo açougueiro. Uma alternativa é você usar o processador de alimentos para fazer isso, tendo o cuidado de não moer demais"

Para 10 pessoas

250 g de carne moída

1 colher (sopa) de cebola roxa moída

1 colher (sopa) de salsa bem picada

2 colheres (chá) de mostarda Dijon

pimenta-do-reino moída na hora

1 gema de ovo caipira

2 tomates para servir

Ponha a carne moída em uma tigela junto com a cebola, a salsa e a mostarda. Misture bem, temperando com pimenta-do-reino a gosto, depois dê liga à mistura com a gema de ovo.

Mergulhe os tomates em água fervente por 20 segundos, mais ou menos, depois remova a pele. Divida-os ao meio e tire as sementes. Corte a polpa do tomate em pequenos cubos.

Sirva pequenas porções do bife tártaro em colheres de chá, cobertas com cubinhos de tomate.

satay de porco
NA ALFACE, COM CREME DE AMENDOIM

Para 10 porções
1 lombo de porco
100 ml de *shoyu* (molho de soja)
25 ml de xerez seco
2 anises-estrelados
1 colher (chá) de sementes de coentro
1 colher (chá) de gengibre ralado na hora
2 colheres (chá) de mel
óleo para pincelar

Creme de amendoim:
1 colher (sopa) de açúcar
100 g de amendoim sem sal
sal marinho e pimenta-do-reino

Para juntar:
1 alface redonda, folhas separadas
2 cebolinhas fatiadas finamente
um punhado de folhas de coentro

Corte o lombo de porco em pedaços do tamanho de um bocado e ponha em uma tigela. Adicione o molho de soja, o xerez, os anises-estrelados, as sementes de coentro, o gengibre e o mel e mexa para cobrir toda a superfície da carne com a mistura. Deixe marinar por 2 horas.

Para fazer o creme, dissolva o açúcar em 125 ml de água em uma pequena panela e leve à fervura. Adicione os amendoins e tire do fogo. Bata no liquidificador ou no processador de alimentos até obter um creme homogêneo. Tempere com sal e pimenta-do-reino a gosto.

Aqueça uma grelha de ferro até ficar bem quente e pincele-a com óleo. Disponha nela os pedaços de porco e cozinhe por 2–3 minutos, virando até ficarem dourados dos dois lados e cozidos por dentro.

Coloque 2 ou 3 pedaços da carne grelhada no centro de uma folha de alface e espalhe sobre ela um pouco de cebolinha e folhas de coentro. Embrulhe e prenda com um palito. Repita com o restante da carne.

Sirva o satay de porco aquecido com o creme de amendoim.

bellini

Para 2 pessoas
60 ml de suco de pera
200 ml de champanhe ou outro vinho espumante

Ponha o suco de pera em taças refrigeradas e cubra com o champanhe ou outro vinho espumante.

coquetel de morango com champanhe

Para 2 pessoas
60 ml de purê de morango
200 ml de champanhe ou outro vinho espumante
morango cortado ao meio para servir

Ponha o purê de morango em taças resfriadas, cubra com o champanhe ou outro vinho espumante e decore com as metades de morango.

champanhe alexander

Para 2 pessoas
2 cubos de açúcar
40 ml de conhaque
200 ml de champanhe

Ponha um cubo de açúcar em cada uma das duas taças, adicione o conhaque e cubra com o champanhe.

piña colada

Para 2 pessoas
8 cubos de gelo
algumas gotas de amargo de Angostura
100 ml de suco de abacaxi
100 ml de rum branco
150 ml de *club* soda

Ponha os cubos do gelo em copos altos, adicione o amargo de Angostura e despeje nele o suco de abacaxi e o rum. Misture muito bem. Por fim, ponha o *club* soda, mexa novamente e sirva.

bloody mary

Para 4 pessoas
12 cubos de gelo
200 ml de vodca
600 ml de suco de tomate
4 borrifos de molho Worcestershire (molho inglês)
4 borrifos de *tabasco*
4 talos de salsão (aipo)
uma pitada de sal

Ponha os cubos de gelo em copos altos, adicione a vodca e depois o suco de tomate. Acrescente um borrifo do molho inglês e um de *tabasco* em cada copo. Ponha um talo de salsão, salpique com um pouco de sal e sirva.

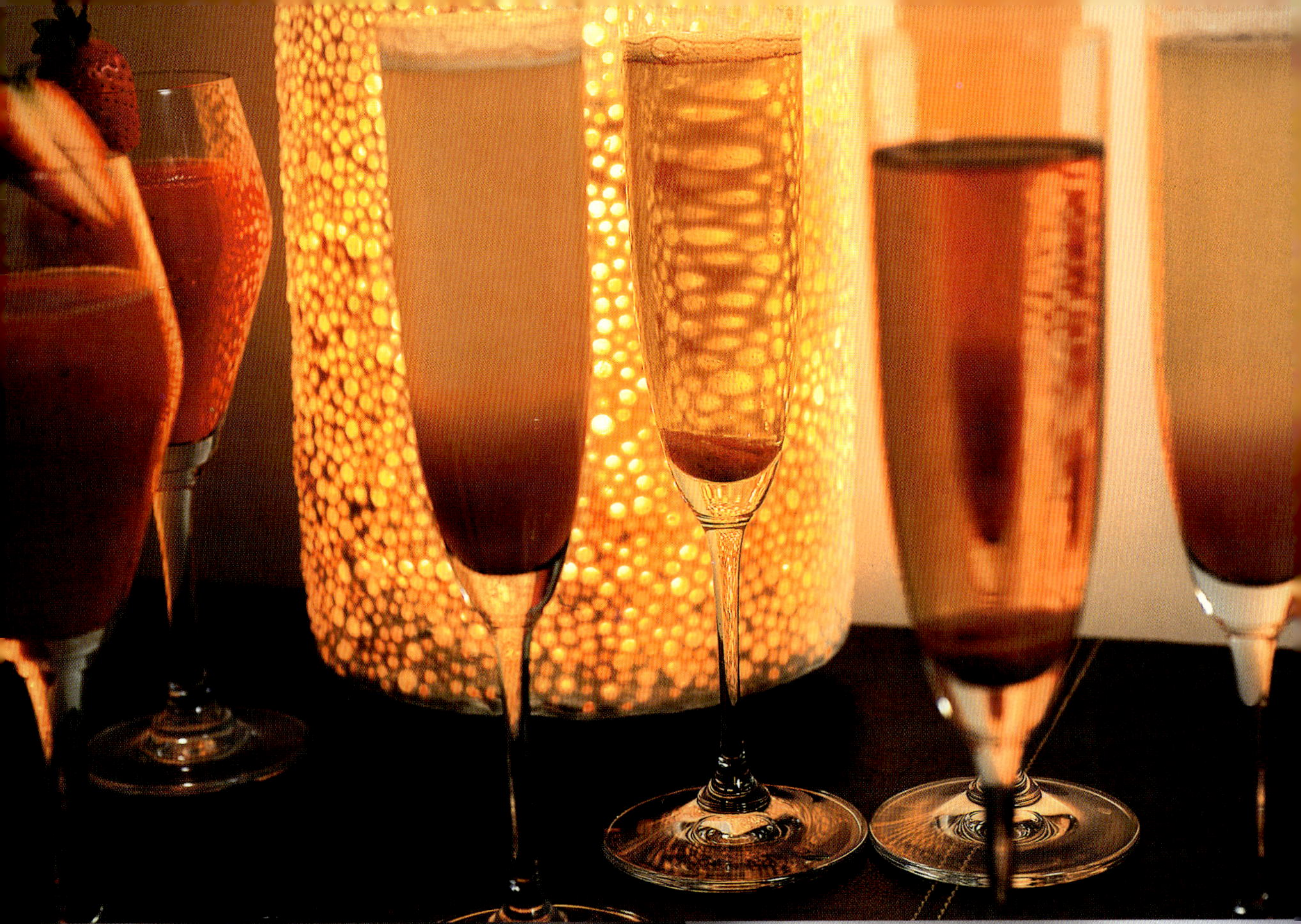
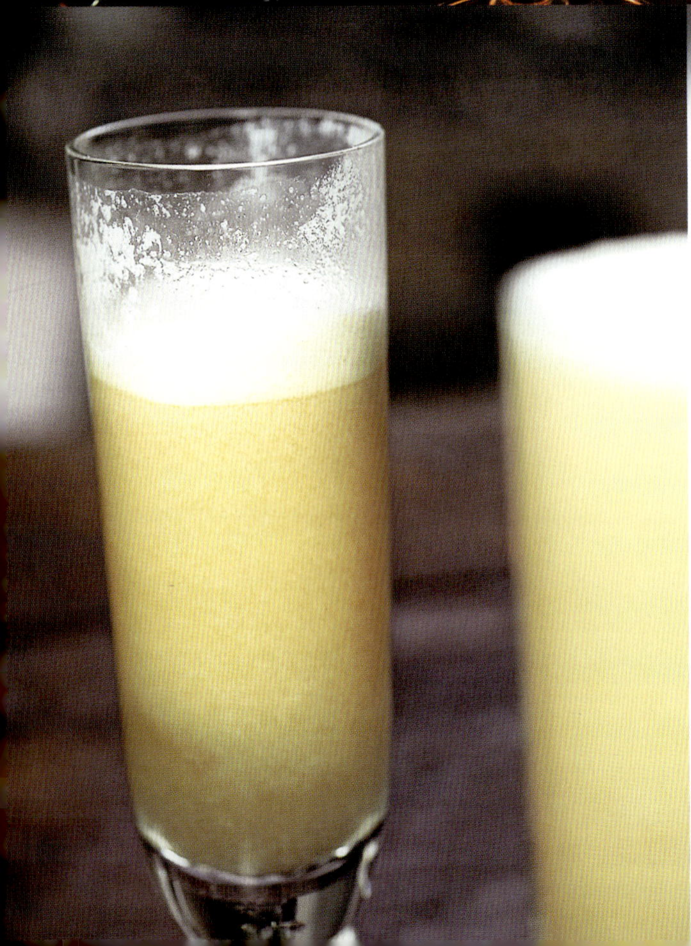
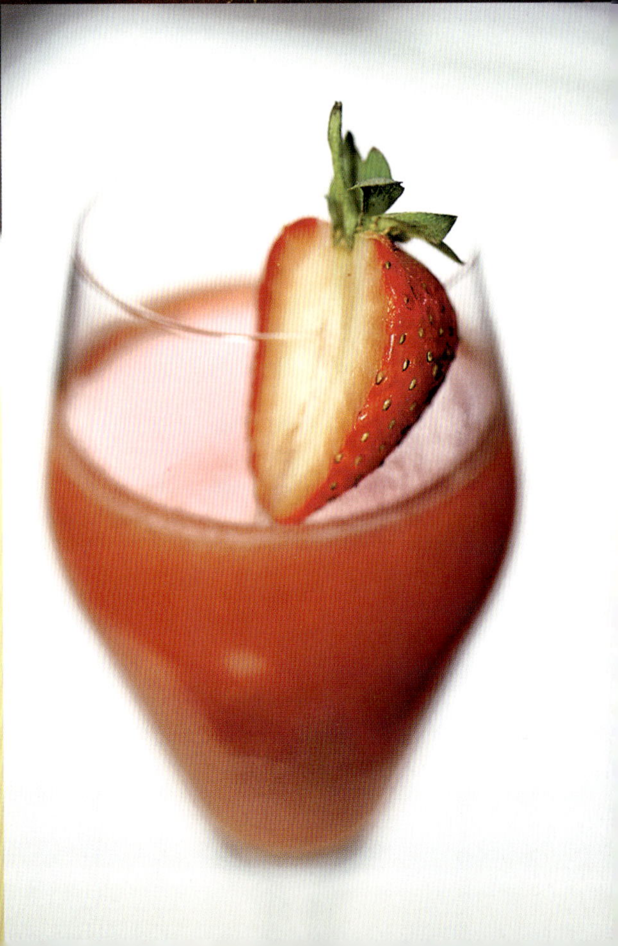

"Champanhe lembra luxúria, celebração e alegria. Nada pode ser mais fácil do que abrir algumas garrafas e fazer coquetéis. É o melhor jeito de começar uma ótima festa"

posh

Se você estiver pensando em criar pratos um pouco mais especiais em casa, acho que vai encontrar aqui inspiração suficiente. Lagosta à termidor é muito mais fácil do que você pensa. Ou, para impressionar bem e gastar pouco, tente meu filé com presunto. Comida chique que não consome muito do seu tempo é a essência deste capítulo. É o tipo da coisa que Tana gosta de cozinhar, apesar de nunca saber realmente quando vou chegar para o jantar. Estas receitas são ideais – simples e rápidas de peparar.

sopa de batata e frisée COM ESTRAGÃO

> "Esta sopa é delicada e sensual. Para torná-la ainda mais atraente, finalize com ovos de codorna pochés e um pouco de caviar"

Para 6 pessoas

300 g de batatas descascadas
1 alho-poró, só a parte branca
400 ml de caldo de galinha
½ colher (chá) – ou a gosto – de sementes de coentro moídas na hora
1 cabeça de chicória *frisée*, talo removido
sal marinho e pimenta-do-reino
um punhado de folhas de estragão
120 ml de creme duplo
um pedaço grande de manteiga sem sal

Corte a batata e o alho-poró em cubos, coloque-os em uma panela com o caldo de frango e as sementes de coentro e leve à fervura. Cozinhe em fogo baixo por 10-15 minutos. Coe em um *chinois* (ou outro coador) direto para uma panela. Reserve metade do alho-poró e da batata e ponha o restante na panela. Leve à fervura em fogo baixo.

Pegue as folhas descoradas do miolo da chicória, enrole-as juntas e corte bem fino, fazendo uma *chiffonade*. Reserve para guarnecer.

Rasgue a chicória restante e adicione à sopa. Tempere, junte o estragão e cozinhe só até murchar. Coloque imediatamente no liquidificador e bata para obter um purê. Passe pelo *chinois* direto para a panela limpa. Misture o creme e aqueça tudo. Ajuste o tempero.

Enquanto isso, aqueça a manteiga em uma panela pequena, adicione a batata e o alho-poró reservados e cozinhe em fogo alto até corar levemente.

Acomode a batata e o alho-poró no centro de um prato, despeje a sopa em volta, cubra com a *chiffonade* de chicória *frisée* e sirva.

sopa de nabo
COM PITUS E MANGA

Para 6 pessoas
900 g de nabos
um bom pedaço de manteiga
1 cebola picada
450 ml de caldo de galinha
125 ml de creme duplo
sal marinho e pimenta-do-reino

Guarnição de manga:
1 manga madura fatiada ou cortada em cubos
um pedaço de manteiga (opcional)
2 colheres (chá) de açúcar (opcional)

Pitus no açafrão:
1-2 colheres (sopa) de óleo de oliva
1 dente de alho amassado
uma pitada de açafrão
18-30 pitus ou camarões grandes (ou mais), afervendados por 1 minuto e descascados

Para finalizar:
um punhado de folhas de azedinha rasgadas (opcional)
óleo de oliva

Pique grosseiramente os nabos. Derreta a manteiga em uma panela média, adicione a cebola e refogue até murchar. Junte os nabos e o caldo e leve à fervura baixa. Cozinhe gentilmente por 20–30 minutos até o nabo ficar bem tenro.

Enquanto isso, caramelize a manga, se preferir. Derreta a manteiga com o açúcar em uma panela de fundo grosso e cozinhe até o ponto de caramelo. Adicione a manga e cozinhe por poucos minutos até ficar meio amarronzada. Reserve.

Esprema a mistura da sopa e leve o purê de volta à panela. Adicione o creme e prove. Deixe cozinhar em fogo baixo enquanto você salteia os pitus.

Aqueça o óleo de oliva em uma frigideira pequena e adicione o alho, o açafrão e os pitus. Salteie por 1–2 minutos de cada lado, mas não cozinhe demais.

Despeje a sopa em pratos aquecidos e acomode as mangas no centro. Ponha um pouco de azedinha por cima. Distribua os pitus em volta da manga e borrife com um pouco de óleo de oliva. Sirva imediatamente.

sopa de nabo

"Adoro o ardor e o aroma desse vegetal menosprezado. Eu o uso geralmente para engrossar sopas em lugar de batatas. Nesta receita, o nabo é bem apropriado, casando perfeitamente com a doçura da manga caramelizada e os pitus suculentos"

carpaccio de filé-mignon
COM RÚCULA E PARMESÃO

Para 6 pessoas como entrada

óleo de oliva para pincelar

2–3 colheres (sopa) de pimentas-do-reino esmagadas

500 g de filé, em um pedaço, bem aparado

2 colheres (sopa) de salsa picada

Molho:

1 colher (chá) de mel aquecido

suco de ½ limão

1 colher (sopa) de vinagre de vinho branco

1 colher (chá) de grãos de mostarda

150 ml de óleo de oliva

Para servir:

um punhado de rúcula

lascas de parmesão frescas

Pincele uma folha de papel-alumínio com um pouco de óleo de oliva e espalhe a pimenta-do-reino no centro dela. Role a carne sobre a pimenta, embrulhe-a no papel-alumínio e feche bem as extremidades. Deixe descansar na geladeira por 30 minutos.

Ponha uma frigideira de fundo grosso em fogo alto e esquente nela o embrulho de carne por 20–30 segundos em cada um dos quatro lados. Deixe esfriar e coloque de novo na frigideira. Cozinhe por pelo menos 1 hora.

Para o molho, ponha o mel em uma tigela e bata-o com o suco de limão, o vinagre e a mostarda e, por último, o óleo de oliva.

Desembrulhe a carne e role-a na salsa picada. Corte-a depois em fatias bem finas, usando uma faca afiada.

Tempere a rúcula com o molho e acomode-a em pratos individuais, colocando-a no centro. Salpique com as lasquinhas de parmesão e sirva logo.

"O *carpaccio* clássico é a carne fatiada finamente servida com maionese *light* ou molho. Gosto de crestar a carne muito rapidamente, o que lhe dá um acabamento quase defumado, mas, se preferir, você pode pular essa etapa"

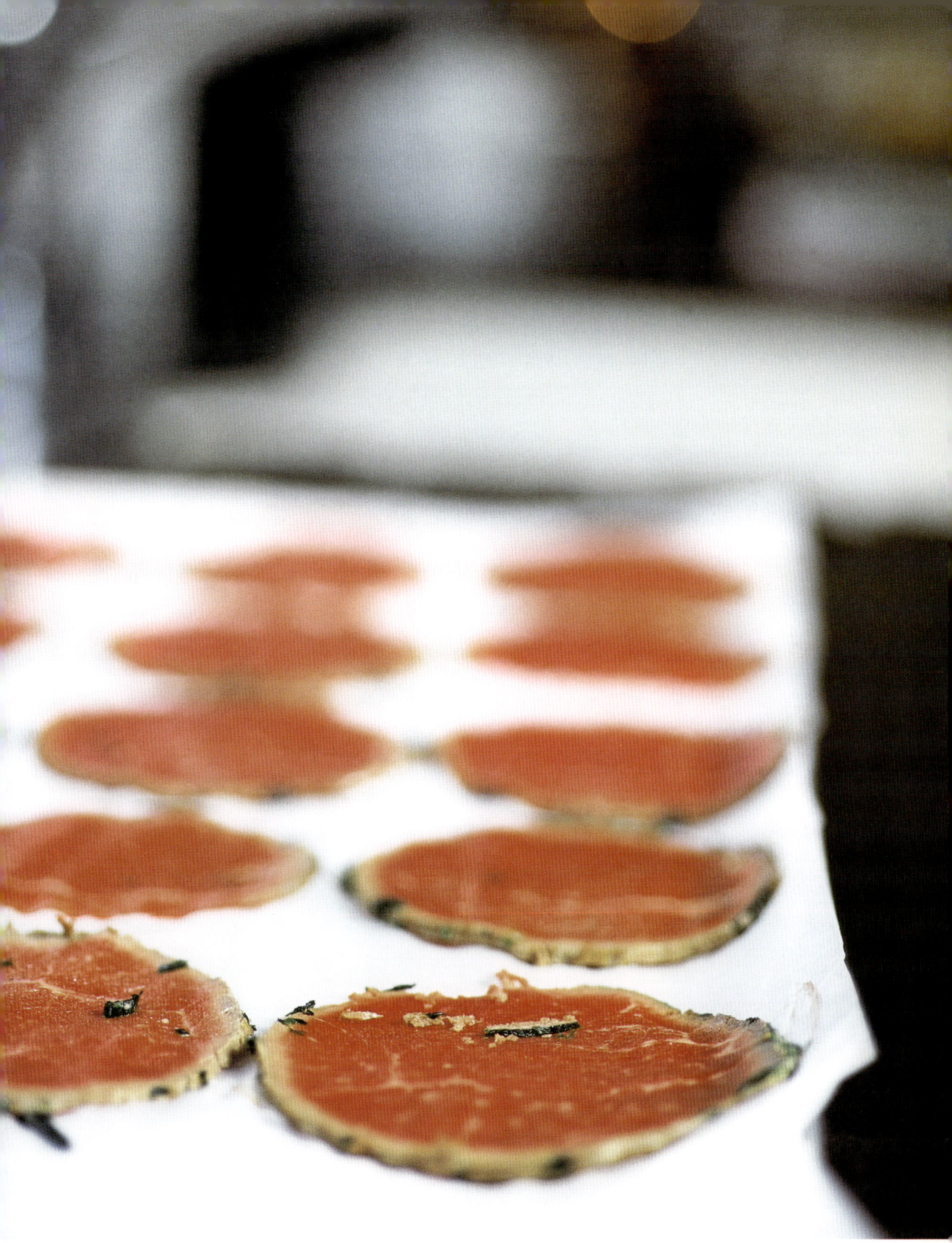

lagosta à termidor

Para 6 pessoas

3 lagostas médias vivas

250 ml de caldo de peixe (de lagosta, de preferência)

250 ml de vinho branco seco

um pouco de Noilly Prat (ou um bom vermute)

250 ml de creme duplo

1 colher (chá) de mostarda Dijon

sal marinho e pimenta-do-reino

2 colheres (sopa) de parmesão ralado na hora

Primeiro, ponha as lagostas no freezer por cerca de 30 minutos para que fiquem dormentes. Quando for cozinhar, mate-as rapidamente: coloque a lagosta de barriga para baixo e enfie a ponta de uma faca entre o dorso e as pinças, depois corte a cabeça ao meio. (Se preferir, você pode matar as lagostas colocando-as em uma panela com água fervente e deixando-as por 2 minutos.)

Divida cada lagosta ao meio, ao comprido e arranque, torcendo, as pinças; reserve as metades das cascas vazias. Descarte a cabeça e cuidadosamente remova a carne da cauda, descartando as entranhas. Lave as cascas reservadas. Quebre as pinças com um quebra-nozes e extraia a carne. Ponha as cascas reservadas em uma assadeira grande e coloque a carne das lagostas dentro delas.

Ferva o caldo e o vinho em uma panela até reduzir o líquido à metade. Adicione o Noilly Prat e o creme e deixe borbulhar até obter um molho quase consistente. Misture nele a mostarda e ajuste o tempero.

Aqueça o grill. Cuidadosamente, derrame o molho sobre a lagosta e polvilhe com o parmesão. Ponha a lagosta sob o *grill* e cozinhe por 2–3 minutos, ou até o creme borbulhar e ficar dourado. Sirva imediatamente, com salada verde.

"Lagostas pré-cozidas nunca são tão boas quanto as que você cozinha, por isso recomendo que você se atraque com uma lagosta viva! Envolva suas pinças com pano grosso, assim elas não poderão te pegar. Com lagosta pré-cozida você acabará tendo uma carne seca, com textura de borracha, em vez de deliciosamente suculenta"

Para 6 pessoas

1 kg de navalhas (substituir por amêijoas)

300 ml de vinho branco seco

200 ml de caldo de peixe ou água

2 chalotas em cubos

1 colher (sopa) de estragão picado

15 g de manteiga

300 g de *girolles* (ou outro cogumelo)

50 ml de creme duplo

sal e pimenta-do-reino

salsa picada

amêijoas com girolles

Limpe as amêijoas. Descarte as que estiverem abertas. Coloque-as em uma tigela com água fria por 5 minutos. Escorra e repita a operação, trocando a água.

Ponha o vinho e o caldo em uma panela grande. Adicione as chalotas e o estragão e leve ao fogo. Espere ferver e junte os mariscos, tampe bem e cozinhe por 3–4 minutos para que se abram, chacoalhando a panela duas vezes. Coe sobre outra panela para reservar o caldo. Mantenha as amêijoas no coador em cima do caldo quente, cobrindo-as com a tampa da panela. Descarte as que não abriram.

Derreta a manteiga em uma frigideira e salteie os cogumelos por 2–3minutos. Adicione 200 ml do caldo reservado e leve à baixa fervura. Misture o creme, tempere e aqueça tudo.

Sirva as amêijoas despejando sobre elas o creme de cogumelos e salpicando com a salsa.

confit de truta
COM SAUCE MOUSSELINE

"Confit é uma velha técnica usada antigamente para conservar carnes como a do pato. Consiste em esquentar o alimento em óleo ou gordura mornos, preservando todos os seus sabores naturais"

Para 6 pessoas
6 filés de truta grandes, com a pele
sal
500 ml de óleo de oliva para cozinhar
3 avocados pequenos maduros
um bom punhado de rúcula
Sauce mousseline:
125 ml de creme duplo
125 ml de maionese
3 colheres (chá) de suco de limão
sal marinho e pimenta-do-reino

Veja se o peixe tem pequenas espinhas e, se tiver, retire-as com uma pinça. Espalhe bastante sal sobre os filés de truta e deixe descansar por 30 minutos. Enxágue-os e coloque-os em um prato com água fria. Deixe de molho por 20 minutos, depois escorra e dê umas batidinhas neles para secar.

Aqueça o óleo de oliva em uma frigideira funda a 50°C (temperatura suficiente para cozinhar o peixe e que dê para você colocar o dedo no óleo sem se queimar). Ponha a truta no óleo e mantenha a temperatura por 10 minutos. Tire os filés e deixe-os esfriar.

Para a sauce mousseline, bata o creme até o ponto de chantili, depois misture com a maionese e o suco de limão. Tempere com sal e pimenta-do-reino a gosto.

Corte os avocados ao meio, fatie no sentido do comprimento e acomode as fatias nos pratos. Desfie a truta, disponha-a perto do avocado e despeje por cima um pouco de *sauce mousseline*. Guarneça com rúcula e sirva.

linguado bourguignon

Para 6 pessoas

125 g de chalotas (sem descascar)

400 ml de vinho tinto

125 g de bacon em tiras

4 colheres (sopa) de óleo de oliva

6 dentes de alho (sem descascar)

125 g de cogumelos portobello

50 g de manteiga

6 filés de linguado de cerca de 150 g cada um, sem pele

250 g de folhas de espinafre bem lavadas

sal

Ponha as chalotas em água fervente por 2 minutos, depois escorra e descasque. Enquanto isso, ferva o vinho tinto em uma panela até reduzi-lo à metade.

Salteie o bacon em uma frigideira de fundo grosso até ficar crocante. Tire da frigideira e reserve.

Ponha 2 colheres (sopa) de óleo de oliva na frigideira e aqueça. Adicione as chalotas, o alho e os cogumelos e salteie para que fiquem macios e as chalotas ligeiramente caramelizadas. Acrescente o *bacon* e deixe em lugar aquecido.

Enquanto isso, aqueça a manteiga e o restante do óleo em uma frigideira grande até espumar. Frite os filés de linguado por 2-3 minutos de cada lado. Coloque-os em uma travessa aquecida e reserve por alguns minutos.

Cozinhe o espinafre em uma panela grande em fogo médio, com pouca água e uma pitada de sal, só até murchar. Escorra bem.

Ponha o espinafre no centro dos pratos aquecidos e os filés de linguado em cima dele. Cubra com os cogumelos, as chalotas, o alho e o *bacon*. Adicione o vinho reduzido à panela onde foram preparadas as chalotas, mexendo para dissolver o fundo de caramelo, e depois borrife com ele o peixe e os vegetais. Sirva com batatinhas.

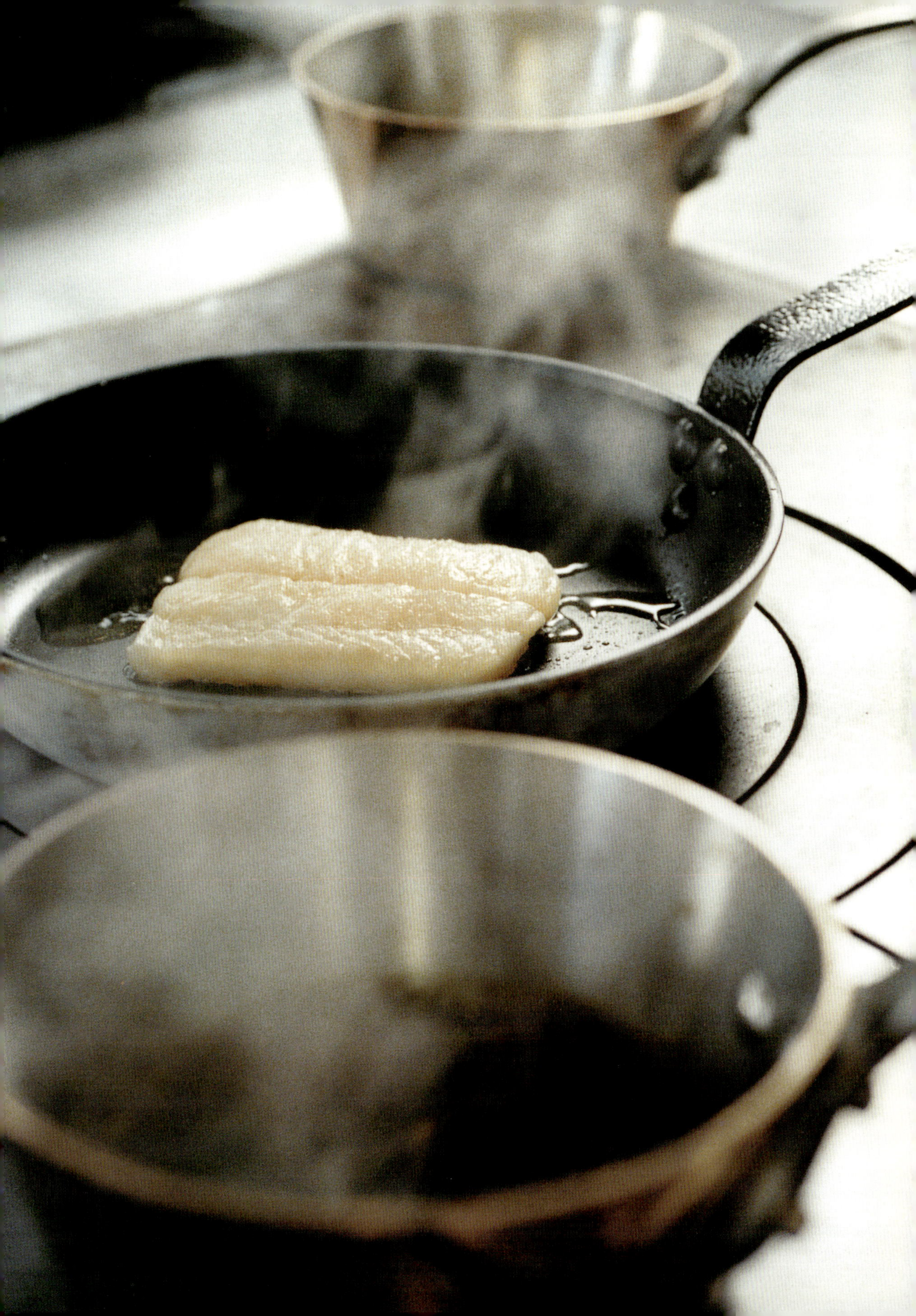

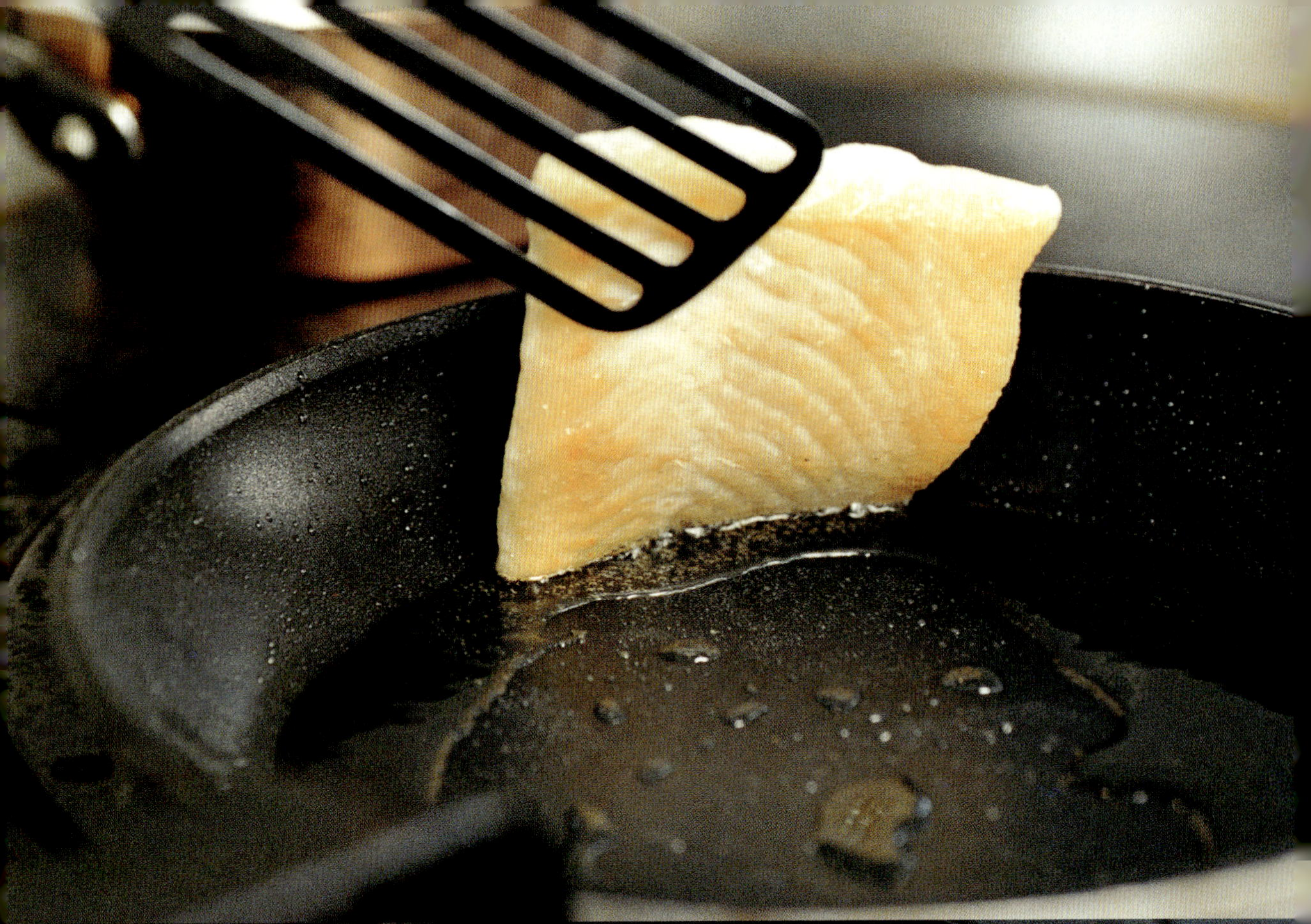

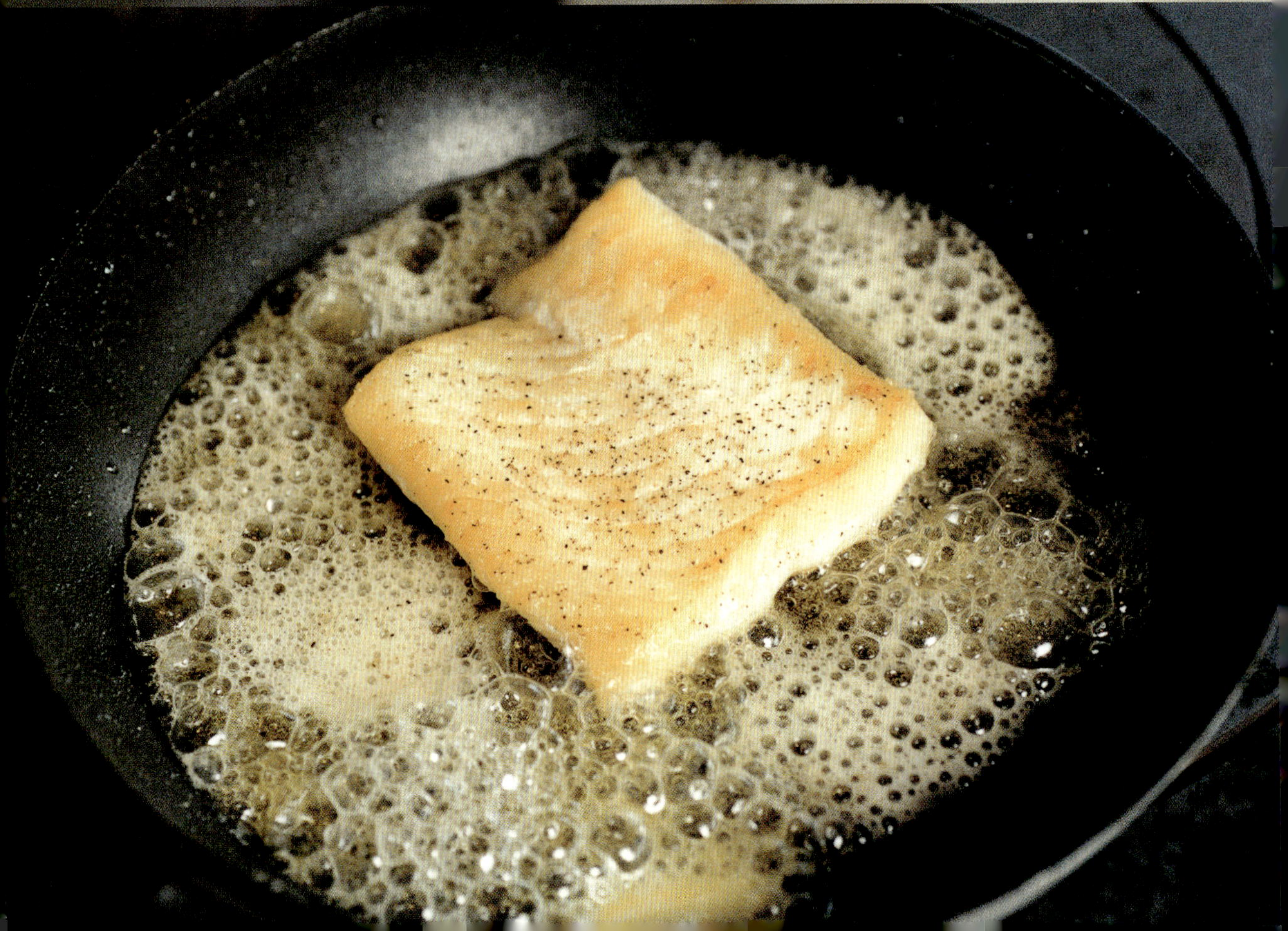

posh é chique

linguado bourguignon

"Outros peixes de carne firme, como o bacalhau fresco e o cherne, podem ser preparados do mesmo jeito. O tempo de cozimento pode variar ligeiramente, de acordo com a espessura do peixe"

"O segredo do preparo do peixe é o ponto de cozimento: ele precisa estar pronto, mas não supercozido. Os peixes ganham consistência durante o cozimento e, quando chegam ao ponto, estão firmes, mas cedem quando pressionados levemente com o dedo indicador"

coxa de frango enrolada com

BACON E RECHEADA COM LINGUIÇA E PISTACHES

Para 6 pessoas

6 coxas de frango
   desossadas
sal marinho e
   pimenta-do-reino
24 fatias finas de *bacon*
   (aproximadamente)
3 colheres (sopa) de óleo
   de oliva
1 colher (sopa) de vinagre
   de xerez
2 colheres (sopa)
   de Marsala
2 conchas de caldo
   de galinha

Recheio:

350 g de carne de linguiça
   de porco de boa qualidade
um punhado de pistaches
   descascados e picados
   grosseiramente
1 gema de ovo
4 ramos de tomilho, folhas
   separadas e picadas

Para fazer o recheio, misture a carne da linguiça com os pistaches, a gema de ovo e o tomilho. Tempere bem com sal e pimenta-do-reino.

Abra as coxas de frango, tempere com pimenta-do-reino e divida o recheio entre elas; enrole-as para fechar. Estenda 4 tiras de *bacon* em uma tábua, sobrepondo-as ligeiramente. Ponha uma coxa sobre elas e enrole o *bacon* em volta dela. Repita com as outras coxas.

Corte 6 pedaços grandes de papel-alumínio. Embrulhe cada coxa firmemente com um pedaço, torcendo as extremidades para vedar. Role para frente e para trás para uniformizar o formato.

Ponha os rolos de frango, dois ou três por vez, em uma panela de água fervente e cozinhe por cerca de 20 minutos. Deixe esfriar e tire do papel-alumínio.

Salteie as coxas de frango em uma frigideira grande com óleo de oliva até que fiquem bem cozidas e o bacon esteja crocante. Reserve-as numa travessa em lugar aquecido

Dissolva com o vinagre de xerez a pasta que ficou no fundo da frigideira e adicione o Marsala e o caldo. Ferva até reduzir à metade, depois elimine o excesso de gordura e acerte o tempero.

Corte o frango em fatias grossas regue-as com o molho de xerez e sirva com arroz.

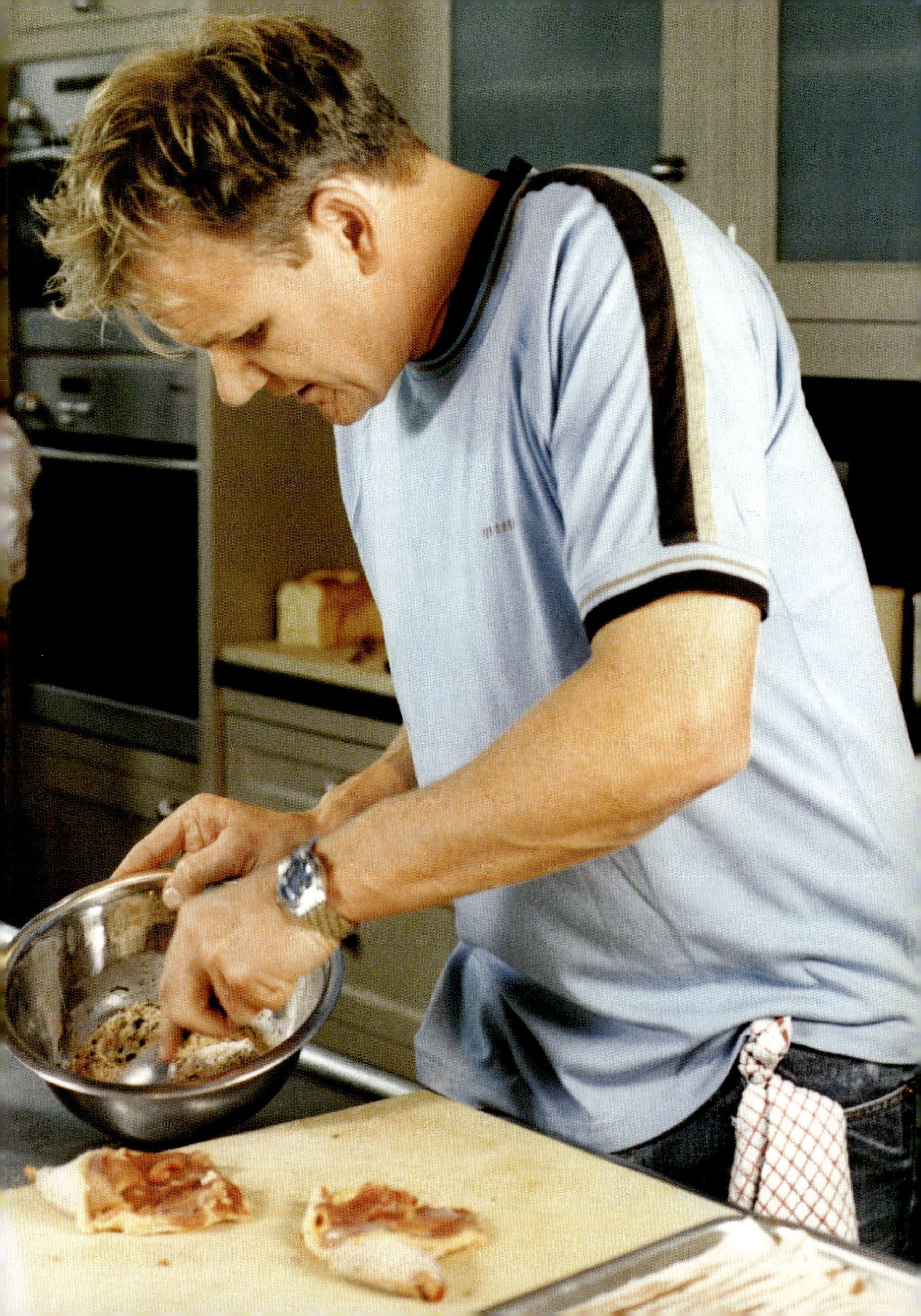

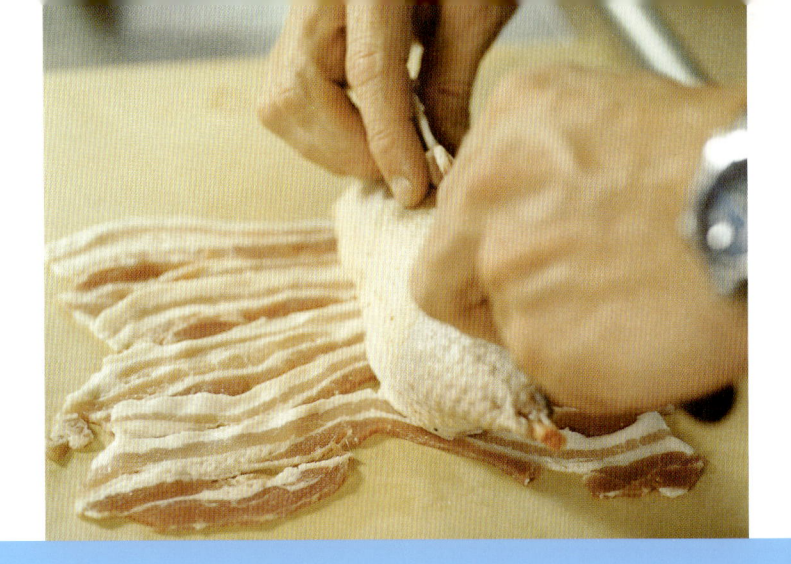

"Frango caipira é provavelmente uma das mais estimulantes especialidades do meu cardápio. Aves de qualidade, como o *label rouge*, se destacam pelo tamanho do peito e pela qualidade do sabor, que não lembra em nada o dos frangos criados industrialmente"

coxa de frango enrolada com bacon

posh é chique | 181

galinha-d'angola com favas
ALFACE E BACON

Para 6 pessoas

6 peitos de galinha-d'angola com cerca de 175 g cada
300 ml de caldo de galinha
150 ml de creme duplo
sal marinho e pimenta-do-reino
300 g de favas debulhadas
150 g de *bacon* em tiras
3 colheres (sopa) de óleo de oliva
75 g de manteiga sem sal, fatiada
3 miolos de alface cortados em quatro ao comprido

"Cozidos no filme plástico, os peitos de galinha-d'angola conservam todo seu sabor; mas, se essa idéia não lhe agradar, cozinhe-os diretamente no caldo de galinha"

Enrole cada peito bem apertado com filme plástico, torcendo as extremidades para vedar. Ponha em uma panela com água e ferva por 5 minutos. Tire da água, deixe esfriar, e refrigere por 30 minutos.

Ferva o caldo em uma panela até reduzi-lo à metade, adicione o creme e deixe borbulhar até reduzi-lo novamente à metade. Tempere a gosto.

Afervente as favas por 2–3 minutos, depois escorra e deixe esfriar em uma tigela com água gelada. Aperte os grãos de fava para tirá-los de sua pele dura.

Salteie o bacon em uma frigideira de fundo grosso até ficar crocante. Escorra em papel absorvente.

Aqueça o óleo de oliva numa frigideira. Desembrulhe os peitos de galinha-d'angola e frite-os com a pele para baixo por 5 minutos. Vire e frite por mais 3 minutos. Tire da frigideira e deixe descansar por 5 minutos.

Em fogo baixo, misture a manteiga ao molho, aos poucos, depois leve à fervura e prove. Adicione a alface e as favas ao molho e cozinhe por 2 minutos, ou até a alface começar a murchar.

Fatie cada peito ao comprido em três pedaços. Ponha a alface e as favas nos pratos, usando uma concha com furos. Cubra com os peitos e espalhe o *bacon*. Despeje o molho por cima e sirva.

peito de pato assado no forno
COM NABO CARAMELIZADO

Para 6 pessoas

6 peitos de pato, de cerca de 175 g cada um
1 ou 2 pedaços de manteiga
um punhado de ramos de tomilho
um borrifo de vinho tinto
2 conchas de caldo de galinha escuro (veja na pág. 248)
sal marinho e pimenta-do-reino

Nabo caramelizado:

1 nabo grande ou 2 pequenos, descascados
40 g de manteiga
um pedaço de 2 cm de gengibre descascado e ralado
1-2 colheres (chá) de mel

Aqueça o forno a 200°C. Com uma faca afiada, faça cortes cruzados na pele do pato, tomando cuidado para não cortar a carne.

Corte o nabo em cubos de uns 2,5 cm e cozinhe-os em água salgada por 10 minutos, apenas até ficar tenro. Escorra bem.

Aqueça uma frigideira de fundo grosso em fogo alto. Coloque nela os peitos de pato, com a pele para baixo, e refogue por alguns minutos, pressionando a carne para baixo. Vire, adicione a manteiga com os ramos de tomilho e cozinhe por 30 segundos apenas. Transfira para a panela de assar, juntamente com o tomilho. Talvez seja preciso fazer isso em porções.

Asse os peitos de pato no forno por 8–10 minutos e transfira-os, então, para uma travessa. Deixe descansar por 10 minutos. Ponha a panela de assar sobre fogo médio e adicione o vinho, mexendo para diluir o caldo que ficou nela. Despeje o caldo e ferva devagar até reduzi-lo à metade. Ajuste o tempero.

Enquanto isso, caramelize o nabo. Aqueça a manteiga em uma panela, adicione o nabo com o gengibre e o mel e salteie por 3–4 minutos, ou até ficar levemente caramelizado.

Ponha o nabo no centro dos pratos. Trinche os peitos de pato e acomode-os em cima do nabo. Regue com o caldo. Sirva com batatas *fondant* (página 190), se quiser.

"O segredo para assar com perfeição o peito de pato é cozinhá-lo rapidamente e deixá-lo descansar bem antes de trinchar. A pele precisa estar crocante e dourada e a carne, rosada e suculenta"

posh é chique | 185

peito de pato assado no forno

lombo de porco no presunto
COM CUSCUZ ASSADO

Para 6 pessoas

80 g de fatias de presunto

2 filés de lombo de porco, com cerca de 350 g cada um, bem aparados

sal marinho e pimenta-do-reino

2–3 colheres (sopa) de óleo de oliva, mais um pouco para untar

4 ramos de tomilho, folhas separadas

250 g de cuscuz marroquino (sêmola)

40 g de parmesão ralado na hora

um punhado de salsa picada finamente

um pedaço de manteiga sem sal

um borrifo de Marsala

uma concha de caldo de galinha escuro (veja pág. 248)

Estenda metade das fatias de presunto em uma tábua de cozinha, depois sobreponha a ela um filé de lombo de porco, transversalmente. Embrulhe-o com o presunto e tempere com pimenta-do-reino. Repita com o outro filé.

Corte duas folhas de papel-alumínio de 40 cm x 30 cm, borrife o centro delas com um pouco de óleo de oliva e salpique com as folhas de tomilho. Ponha o filé de porco em cima, levante as bordas do papel-alumínio, dobre-as sobre ele e enrole para fechar, torcendo as extremidades para vedar. Deixe descansar na geladeira por 15 minutos. Aqueça o forno a 200°C.

Ponha o cuscuz em uma tigela, despeje nela 400 ml de água fervente, tampe e deixe descansar por 10 minutos. Adicione o parmesão e a salsa, mexa com um garfo e tempere a gosto. Ponha 6 formas individuais grandes em uma assadeira, pincele com manteiga e depois com óleo. Despeje nelas o cuscuz, pressionando-o para baixo com as costas de uma colher.

Acomode os embrulhos de lombo em outra assadeira e asse por 15–20 minutos, dependendo da espessura do filé. Desenforne a carne e asse o cuscuz por 10 minutos.

Aqueça 2–3 colheres (copa) de óleo de oliva em uma frigideira grande. Tire o filé do papel-alumínio, reservando um pouco do suco do cozimento. Ponha o filé enrolado no presunto na panela e frite por cerca de 10 minutos, virando até o presunto ficar dourado por igual. Coloque em uma travessa e deixe em lugar aquecido.

Despeje o Marsala na mesma frigideira, mexendo para diluir o molho que restou do cozimento do lombo. Adicione o caldo e ferva até reduzi-lo à metade. Prove.

Corte o porco em fatias grossas. Desenforme os cuscuz e coloque-os no centro de cada prato. Distribua as fatias de lombo em volta deles e despeje por cima o molho. Sirva com um vegetal ou salada verde.

> "O bom deste prato é que pode ser preparado com antecedência, para ser assado quando você for servir. O cuscuz pode descansar no forno enquanto você termina o porco"

bolo de berinjela
COM TOMATES-CEREJA, MANJERICÃO E PARMESÃO

Para 6 pessoas

2 berinjelas médias fatiadas finamente

óleo de oliva

uma bolota grande de manteiga sem sal

600 g de tomates-cereja cortados ao meio

1 dente de alho amassado

um punhado de folhas de manjericão

sal marinho e pimenta-do-reino

75 g de parmesão ralado na hora

Aqueça o forno a 200°C. Corte a berinjela em fatias bem finas e estenda-as em duas assadeiras untadas com óleo. Borrife com óleo de oliva e asse por 5–8 minutos até ficarem macias e levemente douradas.

Forre uma forma de bolo redonda, de 10 cm, com papel-manteiga. Derreta a manteiga em uma panela grande e cozinhe os tomates com o alho até ficarem moles e polpudos. Salpique com as folhas de manjericão e tempere com sal e pimenta-do-reino.

Acomode um terço das fatias de berinjela na assadeira, cubra com metade da mistura de tomate e polvilhe com um pouco de parmesão. Adicione outra camada de berinjela, depois o restante dos tomates. Cubra com uma camada final de berinjela e polvilhe generosamente com parmesão.

Asse o bolo por 10 minutos, ou até a superfície dourar e borbulhar. Deixe descansar por 5 minutos, depois vire numa travessa aquecida. Corte em cunhas e sirva com pão de casca grossa.

posh é chique | 189

"Ao contrário do que se acredita, fico muito feliz quando cozinho para vegetarianos. Felizmente, essa comida excepcional é igualmente apetitosa para carnívoros como eu"

"Uso manteiga salgada para saltear vegetais e peixe, já que alimento em menos tempo. Ferver as batatas em um caldo antes de aceitável usar um substituto para o caldo fresco, como o pó de

batatas fondant

Para 6 pessoas

1 kg de batatas farinhentas

1 litro de caldo de galinha

75–100 g de manteiga com sal

4–5 dentes de alho sem descascar

1 ou 2 ramos de tomilho

1 ramo de alecrim

sal marinho e pimenta-do-reino

espumam mais rapidamente e, por isso, caramelizam o salteá-las realça seu sabor. Esta é uma situação em que é *bouillon*, desde que o caldo não seja parte integral do prato"

Descasque as batatas e corte-as em pedaços grossos, com 2–3 cm de espessura. Coloque-as em uma panela com o caldo e leve à fervura. Abaixe o fogo e deixe cozinhar por 10–12 minutos até ficarem tenras, mas ainda firmes. Escorra bem (reservando o caldo para uma sopa ou um creme).

Aqueça a manteiga em uma frigideira de fundo grosso até começar a espumar. Adicione as batatas, com o lado do corte para baixo, junto com o alho e as ervas. Cozinhe por 4–5 minutos, depois vire e cozinhe por mais 3–4 minutos, ou até que estejam douradas. Descarte o alho e as ervas, tempere com sal e pimenta-do-reino e sirva.

Para 6 pessoas

10 maracujás maduros

6 gemas de ovos caipiras grandes

75 g de açúcar superfino

25 ml de vodca (opcional)

350 ml de creme duplo

parfait de maracujá

Corte 8 maracujás ao meio e coloque a polpa e as sementes no liquidificador. Bata bem, depois despeje em uma panela pequena e ferva até reduzir à metade (60–70 ml). Coe, pressionando o líquido, diretamente para uma tigela e deixe esfriar.

Bata as gemas de ovo em uma tigela à prova de calor de tamanho médio até obter um creme homogêneo e fofo. Coloque a tigela sobre uma panela com água bem quente e continue a bater até dobrar de volume e enrijecer.

Dissolva o açúcar em 50 ml de água numa pequena panela de fundo grosso, em fogo baixo, e mexa até dissolver. Pare, então, de mexer e ferva até a temperatura registrar 105°C em um termômetro de açúcar.

Devolva os ovos batidos à tigela sobre a panela de água, agora em fogo baixo. Devagar, adicione a calda de açúcar, mexendo até a mistura engrossar. Tire a tigela de cima da panela e bata por 5 minutos. Misture ao purê de maracujá e à vodca, se for usar, e ponha na geladeira por 1 hora.

Bata o creme até o ponto de chantili e, cuidadosamente, junte-o à mistura de maracujá. Ponha em 6 formas individuais, como as *dariole* ou as com buraco, dispostas em uma assadeira, e deixe por 12 horas no *freezer* (ou toda a noite).

Para desenformar, enrole um pano quente ao redor das formas (ou coloque-as em água quente por 1–2 segundos). Deslize os *parfaits* para os pratos e despeje um pouco de polpa e sementes dos dois maracujás restantes.

potinhos de chocolate
COM GRAND MARNIER

Para 6 pessoas
200 g de chocolate escuro de boa qualidade (cerca de 60% de cacau)
6 ovos caipiras, claras e gemas separadas
50 ml de Grand Marnier

Derreta o chocolate em uma tigela à prova de calor colocada sobre uma panela de água fervendo em fogo bem baixo – evite o superaquecimento, senão o chocolate vai grudar. Tire a tigela de cima da panela e esfrie em temperatura ambiente.

Bata as claras dos ovos em uma tigela limpa, sem resíduo de gordura, até ficar em ponto de neve.

Bata as gemas no chocolate derretido, depois misture o Grand Marnier. Com cuidado, incorpore as claras em neve. Coloque em 6 potinhos de *custard* e deixe na geladeira por 3 horas antes de servir.

pannacotta de limão

EM INFUSÃO DE HORTELÃ E TEQUILA

Para 6 pessoas

600 ml de creme duplo

150 ml de leite

8 folhas de hortelã

4–5 folhas de gelatina

60 g de açúcar superfino

raspas finas das cascas de 3 limões taiti

1 1/2 colher (sopa) de tequila

gomos de limão para decorar

Despeje o creme e o leite em uma panelinha, adicione a hortelã e leve à fervura em fogo baixo. Deixe borbulhar por 5 minutos, ou até que se reduza a um terço.

Enquanto isso, ponha a gelatina de molho em uma tigela de água fria por 5 minutos.

Coe o creme fervente colocando-o em uma tigela e junte o açúcar, as raspas de limão e a tequila. Mexa. Pegue as folhas de gelatina, esprema-as com cuidado para eliminar o excesso de água e adicione-as ao creme quente, mexendo até dissolver.

Despeje a mistura em 6 forminhas de *darioles* (tipo de doce francês, feito em uma forma do mesmo nome, cilíndrica e de paredes lisas) e deixe esfriar. Ponha na geladeira e deixe por 2–3 horas.

Para desenformar, descole com cuidado a *panacotta* da forma, depois vire-a em um prato e dê sacudidelas para que ela saia. Sirva com os gomos de limão.

jantar para dois

Todos nós precisamos ter um tempo para o romance. Tana e eu tentamos manter essa filosofia – como jantar depois que as crianças já foram deitar. A comida é sensual e dividir um prato é muito romântico. Entretanto, escravizar-se ao fogão para fazer um prato complicado não é tão romântico. Há uma razão para que ostras com champanhe seja a comida dos amantes. Tente minhas ostras rockfeller para abrir com um clássico e continue com uma alcatra de cordeiro ao molho perfumado de alecrim... Divino.

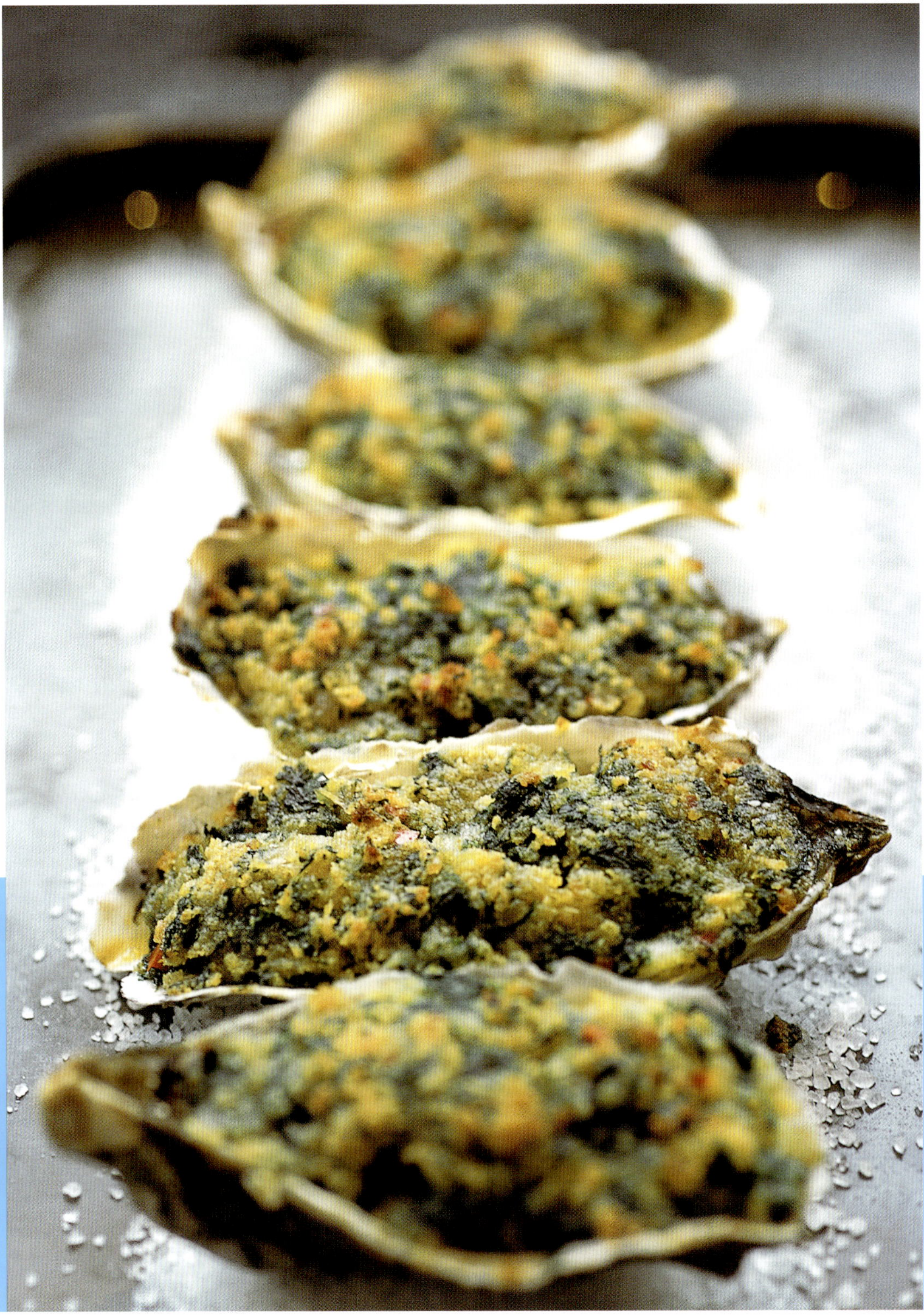

ostras rockfeller

Para 2 pessoas

12 ostras
100 g de manteiga sem sal
1 talo de salsão (aipo) fatiado finamente
1 fatia de erva-doce (funcho) picada
2 cebolinhas fatiadas finamente
1 dente de alho picado finamente
1 colher (sopa) de salsa
um punhado de agrião
algumas gotas de tabasco ou a gosto
um borrifo de Pernod
2 fatias de pão branco, sem a casca
cunhas de limão para servir

Abras as ostras (veja abaixo), mantendo-as nas metades de suas conchas, e coloque-as em uma assadeira. Reserve. Aqueça o *grill* no máximo.

Derreta a manteiga em uma panela rasa até espumar. Adicione o salsão, a erva-doce, as cebolinhas e o alho e cozinhe por 2 minutos, depois junte a salsa e o agrião e cozinhe por 30 segundos.

Ponha tudo no liquidificador ou no processador de alimentos, adicione o tabasco, o Pernod e o pão e bata por 30 segundos até obter "migalhas verdes".

Cubra totalmente as ostras com a mistura e leve ao *grill* por 30 segundos ou até que a superfície comece a ganhar cor.

Acomode as ostras nos pratos, adicione as cunhas de limão e sirva imediatamente.

"Para abrir ostras, segure-as sobre um pano, insira uma faca na fresta e gire-a para levantar a concha de cima. Despeje os sucos do molusco em uma tigela. Corra a faca por baixo da ostra para desprendê-la. Molhe as ostras com seu suco, elimine fragmentos de concha e coloque-as nas metades de conchas"

sopa de amêijoas com
FUNCHO-DO-MAR

Para 2 pessoas

12 amêijoas médias frescas, limpas (veja página 172)

75 ml de vinho branco seco

50 g de *pancetta* em cubinhos

25 g de manteiga sem sal

1 cebola picada finamente

350 ml de caldo de peixe

2 batatas descascadas e cortadas em cubinhos de 1 cm

2 ramos de tomilho (somente as folhas)

sal marinho e pimenta-do-reino

um punhado grande de funcho-do-mar (difícil de ser encontrado no Brasil, mas pode ser substituído por outro vegetal, como o aipo, ou a seu gosto. N. do T.).

100 ml de creme duplo

2 colheres (sopa) de salsa

Ponha as amêijoas em uma panela grande, adicione o vinho e 75 ml de água e leve à fervura. Tampe bem com uma tampa justa e cozinhe por 2–3 minutos para abrir as amêijoas. Escorra-as e reserve o líquido. Quando as amêijoas esfriarem o suficiente para serem manuseadas, tire-as das conchas, pique-as grosseiramente e reserve.

Frite a pancetta em uma panela enxuta, em fogo médio, até que a gordura comece a escorrer. Aumente o fogo devagar e cozinhe até ficar crocante. Remova e reserve.

Coloque a manteiga na panela e refogue a cebola em fogo baixo só até ficar macia e translúcida. Aos poucos, despeje o caldo na panela, depois adicione as batatas, o tomilho e a pimenta-do-reino. Ferva em fogo baixo por 10–15 minutos, ou até a batata ficar tenra.

Despeje cerca de um terço do caldo e as batatas no liquidificador e bata até obter um purê. Acrescente à sopa, para engrossá-la um pouco.

Adicione as amêijoas e o funcho-do-mar. Cozinhe por alguns poucos minutos, depois adicione o creme e a *pancetta*. Aqueça tudo, mexendo, e ajuste o tempero. Sirva a sopa em tigelas aquecidas, salpicada com a salsa.

"Amêijoas não são muito usadas neste país (Inglaterra). Elas têm uma textura carnosa, particularmente boa para sopas, como a desta receita"

aspargos no vapor
COM ORANGE HOLLANDAISE

Para 2 pessoas

1 maço de aspargos médios aparados

Orange hollandaise:

suco de 2 laranjas, de preferência laranjas sanguíneas

70 g de manteiga sem sal

1 gema de ovo caipira

sal

uma pitada de pimenta-de-caiena

um pouco de suco de limão

Para preparar o aspargo, corte as extremidades duras e tire a pele da parte de baixo dos talos usando um descascador de batatas.

Para fazer a hollandaise, ferva o suco de laranja em uma panela pequena até reduzi-lo à metade, depois tire do fogo e deixe esfriar. Derreta a manteiga em outra panela e esfrie até ficar morna.

Ponha a gema do ovo em uma tigela pequena e bata com 1 colher (sopa) de água. Ponha a tigela sobre uma panela com água quente e vá colocando o suco de laranja, devagar e batendo – isso fará o creme engrossar.

Tire a tigela do calor da água da panela e bata por mais alguns minutos, depois, devagar, despeje a manteiga enquanto continua batendo. Não adicione a manteiga rápido demais, senão o molho irá coalhar. Quando toda a manteiga estiver incorporada, o creme deverá estar grosso. Tempere com sal e pimenta-de-caiena e adicione um pouco de suco de limão a gosto.

Cozinhe os aspargos no vapor, nesse meio tempo, por 3–4 minutos, ou até ficarem tenros.

Escorra os aspargos e sirva logo, com o creme *orange hollandaise.*

"Uma *orange hollandaise* é um molho perfeito para mergulhar as pontas dos aspargos cozidos no vapor. Laranjas sanguíneas emprestam uma cor e um sabor soberbos a este molho, o que justifica procurá-las. Na falta delas, use as laranjas mais saborosas que puder encontrar"

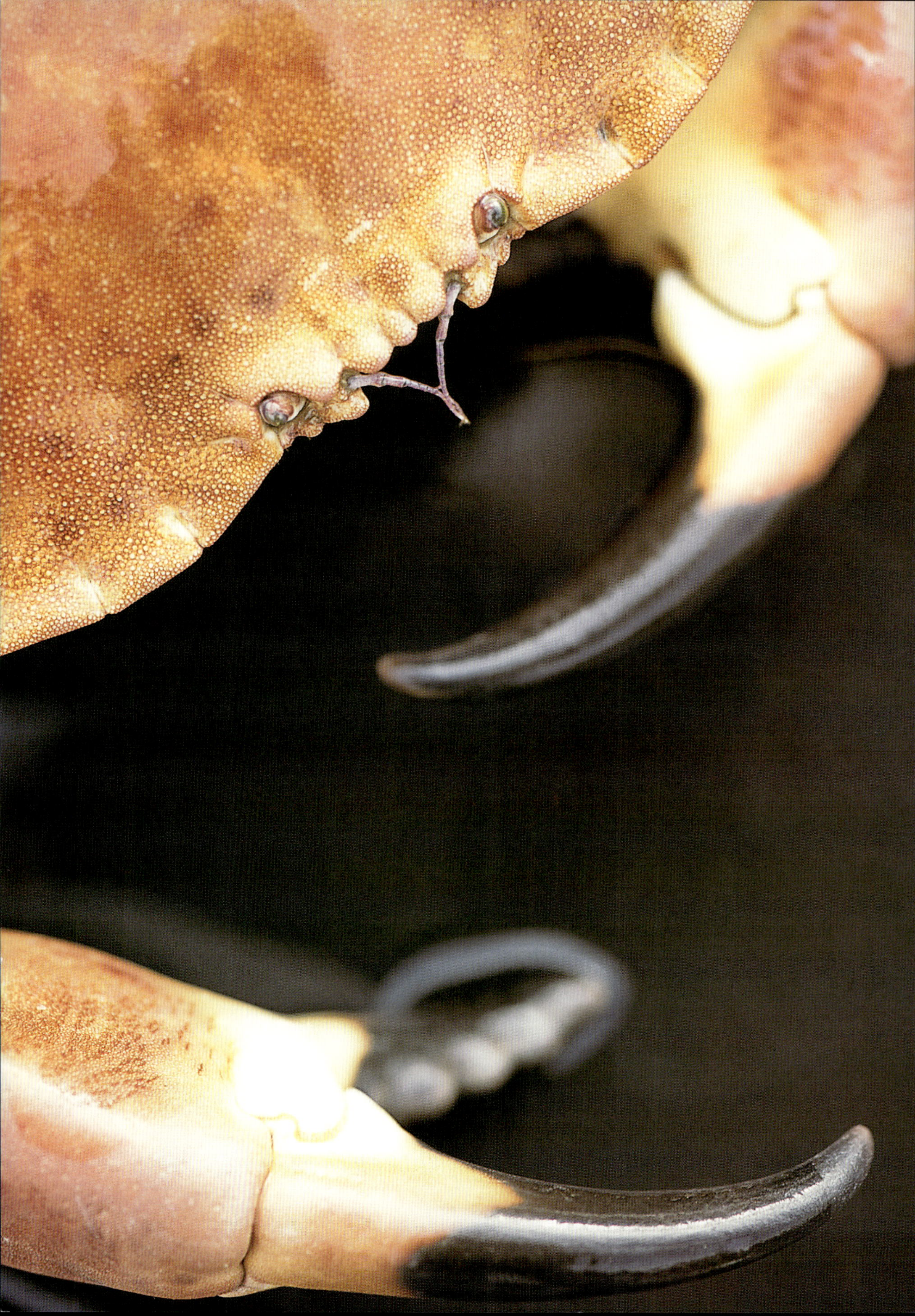

salada de caranguejo
COM MOLHO DE MARACUJÁ

Para 2 pessoas

200 g de carne fresca de caranguejo (ou de siri)

125 g de folhas de salada, como rúcula ou agrião

100 g de tomates-cereja, cortados ao meio

2 maracujás cortados ao meio

2 colheres (sopa) de vinagrete clássico

Veja se a carne de caranguejo está livre de fragmentos da casca. Acomode as folhas de salada e os tomates em pratos individuais.

Coloque a carne de caranguejo no centro, usando uma forma para obter um formato cilíndrico, se quiser.

Tire as sementes e a polpa dos maracujás e bata com o vinagrete. Salpique sobre as folhas de salada e sirva.

salada de camarão-tigre
COM MANGA E AVOCADO

Tire as tripas dos camarões. Bata metade da manga no liquidificador ou num pequeno *mixer* para obter um purê. Reserve. Corte a outra metade em cubos.

Corte o avocado ao meio e em fatias. Acomode-as ao redor da borda de uma travessa pequena e borrife com o suco de limão-siciliano.

Aqueça o óleo de oliva em uma frigideira, adicione o gengibre e o alho e cozinhe por 30 segundos. Junte os camarões e frite por 2–3 minutos, ou até ficarem rosados, mas não cozinhe demais. Borrife com o suco de limão taiti e tire do fogo. Descarte o gengibre e o alho.

Adicione os cubos de manga aos camarões e mexa. Tempere com sal e pimenta-do-reino a gosto.

Empilhe os camarões e a manga no meio da travessa pequena e salpique com a salsa picada. Ponha o creme de manga ao redor da borda do prato e sirva.

Para 2 pessoas

12 camarões-tigre crus, sem as cascas e sem as cabeças

1 manga grande, madura e descascada

1 avocado grande, maduro e descascado

suco de ½ limão-siciliano

1 colher (sopa) de óleo de oliva

1 pedaço de 1 cm de gengibre (raspado)

1 dente de alho descascado

suco de 1 limão taiti

sal marinho e pimenta-do-reino

1 colher (sopa) de salsa picada

jantar para dois | 207

"Sempre procuro os maiores e mais frescos camarões-tigre no mercado. Eles só precisam de um rápido cozimento e têm um sabor divino."

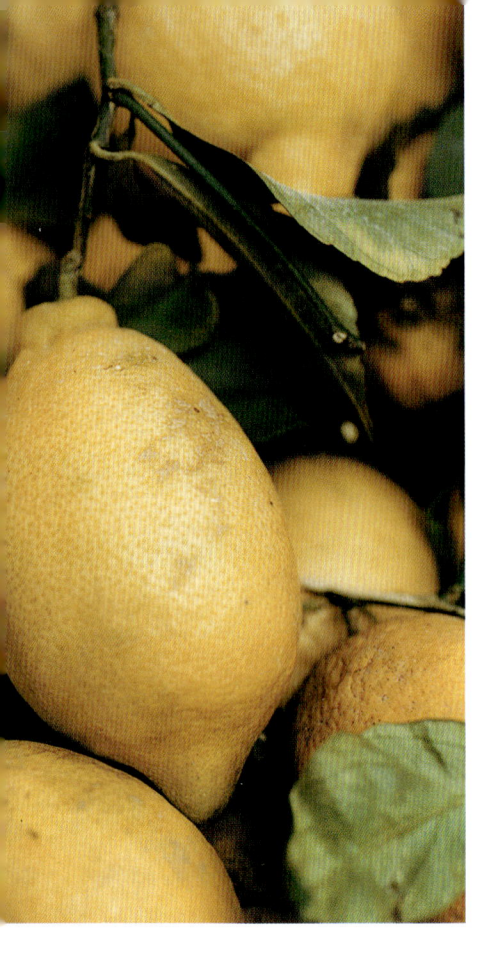

filé de linguado
COM ERVA-DOCE E LIMÃO

Para 2 pessoas

2 filés de linguado com cerca de 150 g cada um
600 ml de caldo de peixe
¼ de vagem de baunilha
2 talos de capim-limão
1 colher (chá) de sementes de coentro
1 bulbo de erva-doce (funcho); reserve os ramos
sal marinho e pimenta-do-reino
uma bolota grande de manteiga, mais um pouco para untar
1 ramo de tomilho
1 colher (sopa) de Pernod
suco de 1 limão-siciliano

Se os filés de peixe ainda tiverem espinhas, tire-as com uma pinça. Ponha o caldo, a baunilha, o capim-limão e as sementes de coentro em uma panela. Ferva para reduzir cerca de um terço. Esfrie e depois coe.

Fatie finamente a erva-doce (funcho) e afervente-a em água com sal por 2–3 minutos. Escorra, refresque em água fria e depois escorra bem.

Aqueça o forno a 180°C. Acomode os filés de peixe em assadeira untada com manteiga. Leve o caldo à fervura, despeje-o sobre o peixe e asse por 5 minutos.

Enquanto isso, salteie as fatias de erva-doce em uma panela grande com a manteiga e o tomilho até ficarem levemente caramelizadas. Adicione o Pernod e depois o suco de limão. Mexa bem e tempere com sal e pimenta-do-reino a gosto. Descarte o tomilho.

Disponha a erva-doce em pratos aquecidos e cubra-a com o linguado. Ponha na panela o molho do cozimento do peixe, ferva para reduzir e depois despeje sobre os filés. Guarneça com ramos de erva-doce.

truta com alho-poró baby

COM BATATA AMASSADA E MANTEIGA DE TOMATE

Se o peixe ainda tiver espinhas, tire-as com uma pinça. Faça cortes na pele e reserve. Cozinhe as batatas em água salgada. Aqueça o forno a 190°C.

Para fazer a manteiga de tomate, aqueça o óleo de oliva em uma panela pequena, adicione os tomates e cozinhe em fogo baixo por 10 minutos. Transfira para o liquidificador, acrescente o vinagre e o açúcar e bata até obter um purê. Coe numa peneirinha direto para uma panela. Junte o creme e ferva em fogo baixo por alguns minutos. Misture a manteiga e o manjericão e reserve.

Ponha as metades de tomates em uma assadeira, com o lado cortado para cima, borrife com óleo de oliva e polvilhe com sal. Asse por cerca de 5 minutos. Cozinhe os alhos-porós no vapor até ficarem tenros.

Escorra as batatinhas, leve-as ao fogo com um pouco de óleo de oliva e amasse-as levemente com um garfo. Misture com as cebolinhas e o vinagrete e tempere a gosto.

Para cozinhar o peixe, aqueça uma frigideira antiaderente e adicione o óleo de oliva. Frite o peixe com a pele para baixo por 3½ minutos ou até a pele ficar crestada. Vire e frite por apenas 30 segundos. Tempere e deixe na frigideira por alguns minutos.

Empilhe as batatas e os alhos-porós nos centros de dois pratos, e cubra com um filé. Guarneça com os tomates-cereja e sirva à parte a manteiga de tomate.

Para 2 pessoas

2 filés de truta com a pele, com cerca de 150 g cada
250 g de batatas novas, descascadas
sal marinho e pimenta-do-reino
125 g de tomates-cereja amadurecidos na rama, cortados ao meio
2 colheres (sopa) de óleo de oliva, mais um pouco para borrifar
125 g de alho-poró baby cortados ao meio
algumas cebolinhas picadas
2 colheres (sopa) de vinagrete clássico

Manteiga de tomate:

1 colher (sopa) de óleo de oliva
125 g de tomates-cereja
1 colher (chá) de vinagre de xerez
1 colher (chá) de açúcar
50 ml de creme duplo
25 g de manteiga
1 colher (sopa) de manjericão picado

truta com alho-poró baby

"Este é um ótimo jeito de servir filés de truta marinha fresca ou de salmão. Para obter melhor resultado, cozinhe o peixe quase inteiramente do lado da pele, sem mexer. Para um toque final, salteie a batata amassada com um pouco de carne de caranguejo (ou siri) e coentro picado"

alcatra de cordeiro
COM AROMA DE MOLHO DE ALECRIM

Para 2 pessoas

2 alcatras de cordeiro, com cerca de 200 g cada uma

6 colheres (sopa) de óleo de oliva

1 ramo de tomilho

3 ramos de alecrim

2 dentes de alho picados

sal marinho e pimenta-do-reino

1 chalota fatiada finamente

1 berinjela nova cortada em cunhas

1 abobrinha fatiada

½ pimentão vermelho sem sementes e fatiado

½ pimentão amarelo sem sementes e fatiado

1 colher (sopa) de vinagre de xerez

1 copo grande de vinho tinto

Faça ligeiros cortes no couro do cordeiro, usando uma faca afiada. Ponha 2 colheres (sopa) de óleo de oliva em uma tigela com o tomilho, 2 ramos de alecrim e o alho. Tempere a carne com pimenta-do-reino, coloque-a na tigela e mexa. Deixe marinar por 2–3 horas, depois remova a carne, reservando o alecrim para o molho.

Aqueça o forno a 200°C. Em uma panela larga, aqueça 2 colheres (sopa) de óleo de oliva, adicione os vegetais e o restante do alecrim, mexa e salteie por alguns minutos em fogo baixo. Em seguida, coloque em uma panela de assar untada com óleo e deixe no forno por 15 minutos.

Enquanto isso, aqueça uma frigideira antiaderente e despeje nela 2 colheres (sopa) de óleo. Quando estiver bem quente, adicione o cordeiro com a pele para baixo e frite-o até ficar todo corado. Transfira-o depois para a panela que está no forno e asse por uns 15 minutos. Remova a carne e também os vegetais para uma travessa.

Ponha o vinagre de xerez na panela em que foi assada a carne, mexa para diluir o molho que restou, depois junte o vinho e leve à fervura. Adicione o alecrim reservado e deixe em fervura baixa por 10 minutos. Elimine qualquer gordura do molho, tempere e coe.

Corte cada alcatra em 3 ou 4 fatias. Coloque os vegetais em pratos aquecidos e acomode a carne por cima. Borrife com o molho de alecrim e sirva.

"Alcatra de cordeiro é um corte ideal quando você cozinha para dois. Se possível, compre a de cordeiros de West Country (na Inglaterra). São criados naturalmente a pasto, o que torna soberba sua carne, que deve ser maturada por 2–3 semanas para maximizar o sabor" (Aqui você deverá procurar a melhor carne de cordeiro do mercado, de preferência de animais criados também naturalmente. N. do T.)

alcatra de cordeiro

chateaubriand para dois

Para 2 pessoas

500 g de filé de boi em uma peça

1 cebola roxa cortada em cunhas finas

4 dentes de alho (sem descascar)

3 colheres (sopa) de óleo de oliva

1 colher (sopa) de vinagre de xerez

1 copo de vinho tinto

sal marinho e pimenta-do-reino

Apare o filé eliminando gordura e nervos. Embrulhe em filme plástico, torcendo as extremidades firmemente, e depois role a carne para arredondar seu formato. Deixe na geladeira por 24 horas.

Aqueça o forno a 200°C. Ponha a cebola e o alho em uma panela com 1 colher (sopa) de óleo de oliva. Leve ao forno por 5 minutos enquanto você tosta a carne.

Aqueça uma frigideira antiaderente, ponha nela o restante do óleo de oliva e, quando estiver quente, adicione a carne e frite-a rapidamente de todos as lados em fogo alto. Passe a carne para a panela e asse no forno por 10–15 minutos, dependendo do ponto que você preferir.

Enquanto isso, dissolva o molho do assado com o vinagre, raspando a camada que ficou no fundo, depois despeje o vinho e ferva até reduzir à metade. Coe, tempere com sal e pimenta-do-reino e mantenha aquecido. Corte a carne em fatias grossas e acomode-as nos pratos com o alho e a cebola assados. Regue com o molho e sirva com batatas ao forno (página 60) ou purê temperado e vegetais verdes.

fígado de vitelo
COM MOLHO DE PIMENTA-DO-REINO VERDE

Para 2 pessoas

4 colheres (sopa) de óleo de oliva

2 chalotas grandes picadas finamente

1 colher (sopa) de açúcar demerara

folhas de 1 ramo de tomilho

1 colher (sopa) de vinagre de xerez

1 colher (sopa) de pimentas-do-reino verdes
   em conserva de salmoura, enxaguadas

200 g de fígado de vitelo, aparado e cortado
   em fatias de 1 cm de espessura

sal

1 colher (sopa) de salsa picada

Aqueça 2 colheres (sopa) de óleo de oliva e salteie as chalotas por 5 minutos. Adicione o açúcar e o tomilho e cozinhe por 5 minutos. Junte então, o vinagre e as pimentas-do-reino verdes.

Aqueça o restante do óleo em uma frigideira antiaderente grande. Adicione as fatias de fígado e salteie-as rapidamente, por cerca de 1–1½ de cada lado, até ficarem escuras por fora, mas ainda rosadas e suculentas por dentro. Tempere levemente com sal.

Acomode o fígado em pratos aquecidos, cubra com o molho de pimentas verdes e salpique com a salsa picada. Sirva imediatamente.

pêssego melba

Despeje o vinho em uma panela pequena, adicione 150 g de açúcar e o mel. Leve à fervura em fogo brando, mexendo para dissolver. Com fogo bem baixo, adicione os pêssegos e ferva por 10 minutos. Deixe esfriar na calda de vinho.

Cozinhe as framboesas em fogo baixo em uma pequena panela, junto com o açúcar restante, até amaciarem, dissolvendo-as enquanto cozinham. Adicione um pouco da calda de vinho, depois passe tudo pela peneira para remover as sementes.

Acomode as metades de pêssegos em dois pratos, ponha uma bola de sorvete sobre cada uma, regue com a calda de framboesas e sirva.

Para 2 pessoas

¾ de garrafa de vinho branco seco

190 g de açúcar superfino

60 g de mel

2 pêssegos maduros firmes cortados ao meio e sem as sementes

80 g de framboesas, mais um pouco para servir

4 bolas de sorvete de creme

"Sempre que pedem a minha receita favorita, esta é a única. Tem

fondant de chocolate quente

Para 2 pessoas

50 g de manteiga sem sal, mais um pouco para untar

2 colheres (chá) de cacau em pó para polvilhar

50 g de chocolate amargo de boa qualidade (mínimo de 70% de cacau) em pedaços

1 ovo caipira

1 gema de ovo caipira

60 g de açúcar superfino

50 g de farinha de trigo

uma textura cremosa divina e o líquido no centro dela é sublime"

Aqueça o forno a 160°C. Unte com manteiga duas formas de pudim de 7,5 cm de diâmetro, depois polvilhe com o pó de cacau à vontade.

Devagar, derreta o chocolate e a manteiga em uma tigela pequena posta sobre uma panela com água quente. Depois retire do calor e mexa até a mistura ficar homogênea. Deixe esfriar por 10 minutos.

Com uma batedeira elétrica, bata o ovo inteiro, a gema e o açúcar juntos até a mistura engrossar. Incorpore o chocolate.

Peneire a farinha sobre a mistura e mexa gentilmente com uma colher de metal grande. Despeje-a nas formas e asse por 12 minutos.

Vire os fondants de chocolate em pratos aquecidos e sirva imediatamente.

abacaxi assado no sal

Para 2 pessoas

1 abacaxi pequeno

cerca de 10 cravos-da-índia

2 kg de sal marinho grosso

1-2 colheres (sopa) de pó de cinco-especiarias

1-2 claras de ovo batidas levemente

Mascarpone com erva:

2-3 colheres (sopa) de mascarpone

um pequeno punhado de manjericão rasgado

Aqueça o forno a 190°C. Enfie os cravos-da-índia nos "olhos" do abacaxi. Tempere o sal com o pó de cinco-especiarias, depois misture com as claras de ovo. Cubra completamente o abacaxi com o sal, ponha o sal que restou dentro de uma assadeira e acomode o abacaxi sobre ele.

Asse o abacaxi no forno na temperatura mais baixa por 20 minutos. Enquanto isso, misture o mascarpone com o manjericão. Deixe o abacaxi esfriar até que seja possível manuseá-lo, abra a crosta de sal e remova-o.

Corte o abacaxi ao meio e depois em quatro pedaços. Com cuidado, retire os pedaços da casca. Sirva-o coberto com uma colherada de mascarpone.

cozinhando para um batalhão

Quando nossa numerosa família se reúne, quase sempre opto por uma comida que possa ser preparada antecipadamente e vá precisar apenas de alguns toques finais. Uma caçarola ou uma panela grande é o ponto-chave, pois tanto se pode cozinhar nela como levá-la à mesa. Quando todos se sentam juntos à mesa, a informalidade é um imperativo. Bacalhau à catalã não é dos pratos mais fáceis, mas é magnífico. Ao destampar a panela, o aroma agradável desperta o apetite. Como sobremesa, uma torta de noz-pecã deixará todos bem satisfeitos.

sopa de erva-doce (funcho)
COM LINGUIÇA MERGUEZ

Para 10 pessoas

6 colheres (sopa) de óleo de oliva

6 bulbos de erva-doce (funcho), aparados e fatiados finamente

2 talos de salsão (aipo), fatiados finamente

3 dentes de alho fatiados finamente

2 litros de caldo de galinha light

um punhado de folhas de salsa, talos e folhas separados

½ colher (chá) de sementes de coentro moídas na hora

2 folhas de louro

sal marinho e pimenta-do-reino

410 g de feijão cannellini em conserva escorridos

500 g de linguiça merguez fatiada finamente

"Merguez é uma linguiça apimentada parecida com um chouriço. Ao fritá-la, ela desprende uma gordura temperada, perfeita para regar a sopa pronta"

Aqueça 4 colheres (sopa) de óleo de oliva em uma panela grande. Adicione a erva-doce, o aipo e o alho e refogue por 5 minutos em fogo médio até que fiquem macias, mas não coradas. Junte o caldo, os talos de salsa, o coentro moído, o louro e tempere. Deixe em fervura baixa por 40 minutos. Descarte o louro e os talos de salsa e deixe esfriar. Pique as folhas de salsa e reserve.

Bata a sopa no liquidificador até ficar aveludada e leve-a de volta à panela. Adicione o feijão e cozinhe devagar, mexendo de vez em quando. Prove o tempero.

Enquanto isso, aqueça o restante do óleo em uma frigideira grande e frite a linguiça por 3–4 minutos, até tostar. Retire-a da panela com uma colher furada e acomode em papel absorvente, reservando o óleo da panela.

Distribua a linguiça pelos pratos de sopa aquecidos, colocando nas bordas as fatias. Despeje a sopa no meio, salpique com a salsa picada e borrife com o óleo da fritura da lingüiça. Sirva imediatamente.

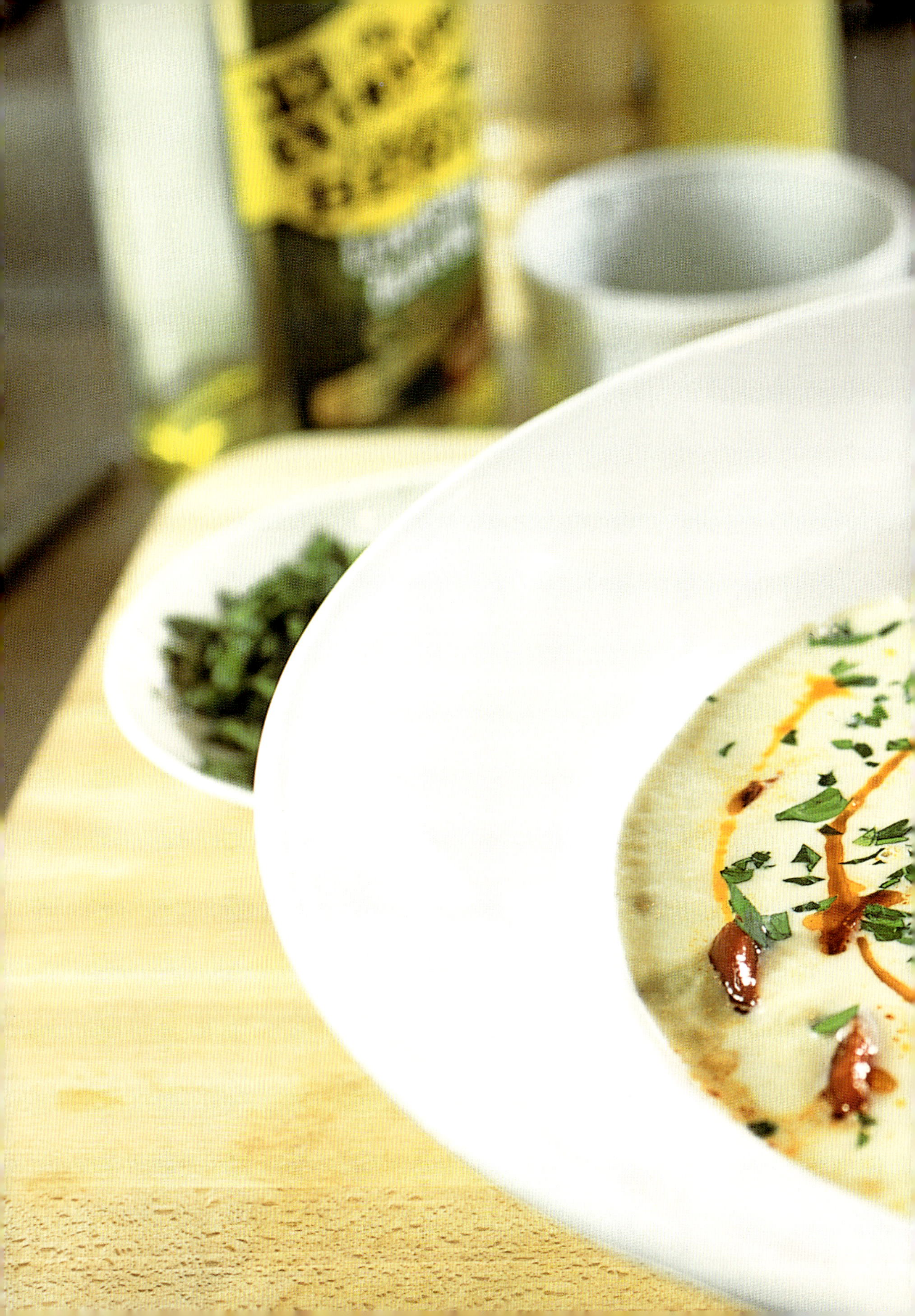

sopa de erva-doce

sopa de frutos do mar

Para 10 pessoas

3 colheres (sopa) de óleo de oliva
2 chalotas picadas finamente
2 bulbos de erva-doce (funcho), aparados e fatiados finamente
4 talos de salsão (aipo) fatiados
2 cenouras picadas
2 anises-estrelados
2 colheres (chá) de pimenta-de-caiena
uma pitada de fios de açafrão
6 tomates, sem sementes e picados
100 ml de conhaque
500 ml de vinho branco
3 litros de caldo de peixe
1 kg de mexilhões frescos
5 batatas grandes descascadas e fatiadas
sal marinho e pimenta-do-reino
500 g de filés de tamboril cortados em pedaços grossos
500 g de filés de pargo-vermelho ou salmonete cortados em pedaços de 3 cm

Aqueça o óleo de oliva em uma panela grande. Adicione as chalotas, a erva-doce, o salsão, as cenouras, os anises-estrelados, a pimenta-de-caiena e um pouco de açafrão. Cozinhe, mexendo, em fogo médio por alguns minutos.

Adicione os tomates, abaixe o fogo e cozinhe por 5 minutos. Junte o conhaque e deixe borbulhar até reduzir. Despeje o vinho. Leve ao fogo novamente, até reduzir tudo à consistência de uma calda. Acrescente o caldo e deixe em fervura baixa por 1 hora.

Limpe os mexilhões. Esfregue as conchas em água fria corrente e descarte os abertos.

Cozinhe as batatas em água salgada com um pouco de açafrão por cerca de 10 minutos. Escorra.

Bata bem a sopa no liquidificador. Coe num *chinois* direto para uma panela e reserve.

Aqueça um terço do caldo restante em uma panela grande, adicione os mexilhões, tampe bem e cozinhe por 3–5 minutos, ou até que as conchas se abram. Descarte as fechadas.

Afervente os peixes no caldo restante, em uma panela rasa, por 2–3 minutos.

Adicione as batatas à sopa e reaqueça, depois junte o peixe e os mexilhões e acerte o tempero. Coloque em tigelas aquecidas e sirva com pão caseiro.

bacalhau à moda catalã

Aqueça o óleo de oliva em uma panela grande (com uma tampa bem ajustada). Adicione o chouriço e o alho e frite por 3–4 minutos. Tire do fogo.

Estenda os filés de bacalhau e tempere com pimenta-do-reino. Cubra com os tomates, tempere novamente e junte o tomilho e o louro. Ponha o vinho e em seguida os mexilhões. Tampe bem e leve à fervura, depois abaixe o fogo. Cozinhe por 8–10 minutos, ou até os mexilhões se abrirem. Descarte os que ficarem fechados. Acerte o tempero.

Salpique com o manjericão e coloque em pratos aquecidos. Sirva imediatamente com azeitonas e ovos.

Para **10 pessoas**

4 colheres (sopa) de óleo de oliva
2 chouriços picados
4 dentes de alho picados
10 filés de bacalhau de 150 g
sal marinho e pimenta-do-reino
16 tomates fatiados
2 ramos de tomilho
4 folhas de louro
1 garrafa de vinho branco seco
1 kg de mexilhões limpos
um pouco de manjericão picado

tagine de cordeiro

> "Adoro o aromático sabor deste prato típico marroquino. Use uma *tagine* se por acaso tiver uma. Senão, uma panela ou uma caçarola de fundo grosso também funcionam"

Para 10 pessoas

6 colheres (sopa) de óleo de oliva
2 kg de carne de cordeiro magra, sem osso, cortada em cubos de 2–3 cm
3 cebolas grandes picadas finamente
4 dentes de alho picados
3 colheres (chá) de especiarias marroquinas
1 colher (chá) de cominho moído
2 cm de raiz de gengibre sem pele e fatiada finamente
4 tomates sem pele, sem sementes e picados
500 ml de vinho branco meio seco
500 ml de caldo de galinha *light*
200 g de abricós secos
sal marinho e pimenta-do-reino

Aqueça 3 colheres (sopa) de óleo de oliva em uma panela grande ou uma *tagine* e salteie o cordeiro em porções em fogo alto, retirando cada uma delas com concha furada e adicionando mais óleo à panela, se necessário.

Abaixe o fogo, adicione as cebolas e cozinhe por alguns minutos, depois junte o alho, as especiarias marroquinas, o cominho e o gengibre. Cozinhe, mexendo por mais 1 minuto, depois ponha a carne de volta na panela.

Adicione os tomates, o vinho e o caldo, leve à fervura e abaixe o fogo. Tampe e deixe em fervura bem baixa por 2 horas.

Acrescente os abricós secos e prove. Cozinhe por mais 20 minutos, ou até o cordeiro ficar "derretendo" de macio. Sirva com cuscuz no vapor e vegetais ou salada verde.

filé-mignon assado e esfriado
COM FONDANT DE AGRIÃO E BETERRABA

Para 10 pessoas

1 peça de filé de cerca de 2 kg
sal marinho e pimenta-do-reino
4 colheres (sopa) de óleo de oliva
um punhado de dentes de alho
   com casca
alguns raminhos de alecrim
um maço grande de beterrabas
   baby lavadas
50 g de manteiga
3 maços de agrião

Aqueça o forno a 220°C. Apare a carne, eliminando gorduras e nervos, e tempere com pimenta-do-reino. Ponha uma panela de fundo grosso no fogo alto, adicione o óleo de oliva com os dentes de alho e o alecrim, depois a carne; frite-a de todos os lados. Transfira a carne e os temperos para uma assadeira grande e asse por 15 minutos. Deixe esfriar.

Apare as beterrabas, deixando um pouco dos talos das folhas. Coloque-as em um pedaço grande de papel-alumínio dentro de uma assadeira também grande e polvilhe com sal. Envolva as beterrabas com o papel-alumínio deixando aberta a parte de cima do pacote. Asse no forno por 20–30 minutos.

Deixe as beterrabas assadas esfriarem, depois descasque-as. (Este é o momento para você pôr a carne e as beterrabas na geladeira, mas a carne deverá estar à temperatura ambiente antes de servir.)

Aqueça a manteiga em uma panela média, adicione a beterraba e cozinhe gentilmente, mexendo com frequência até ficar bem brilhante.

Corte a carne em fatias finas, acomode-as em uma travessa grande e guarneça com os ramos de agrião. Cubra o agrião com as beterrabas e sirva imediatamente.

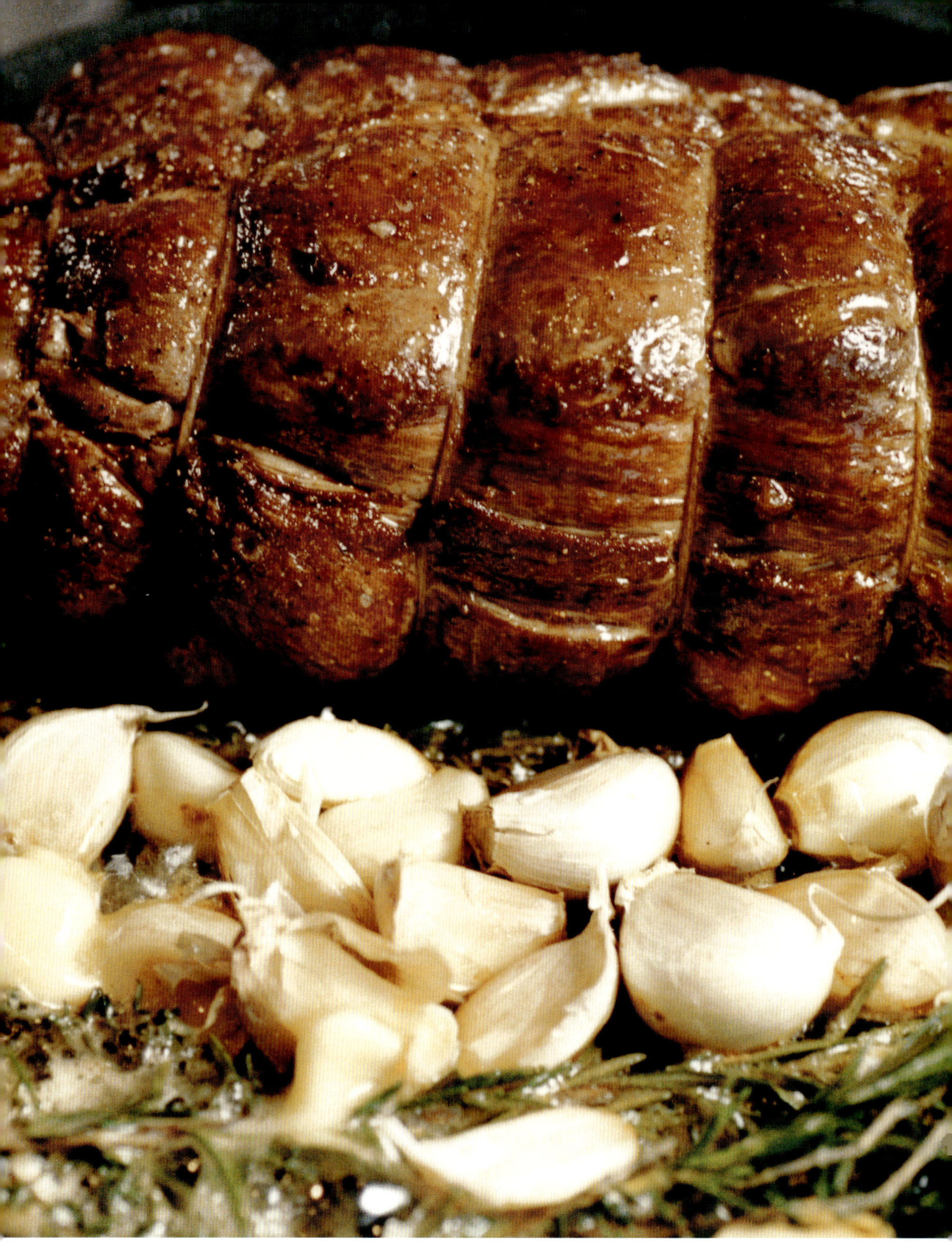

"Prometo a você que esse filé assado frio ficará soberbo – desde que você compre um bom pedaço de carne. Açougues de primeira, pequenos criadores e mercados de produtores são boas fontes de carne de qualidade"

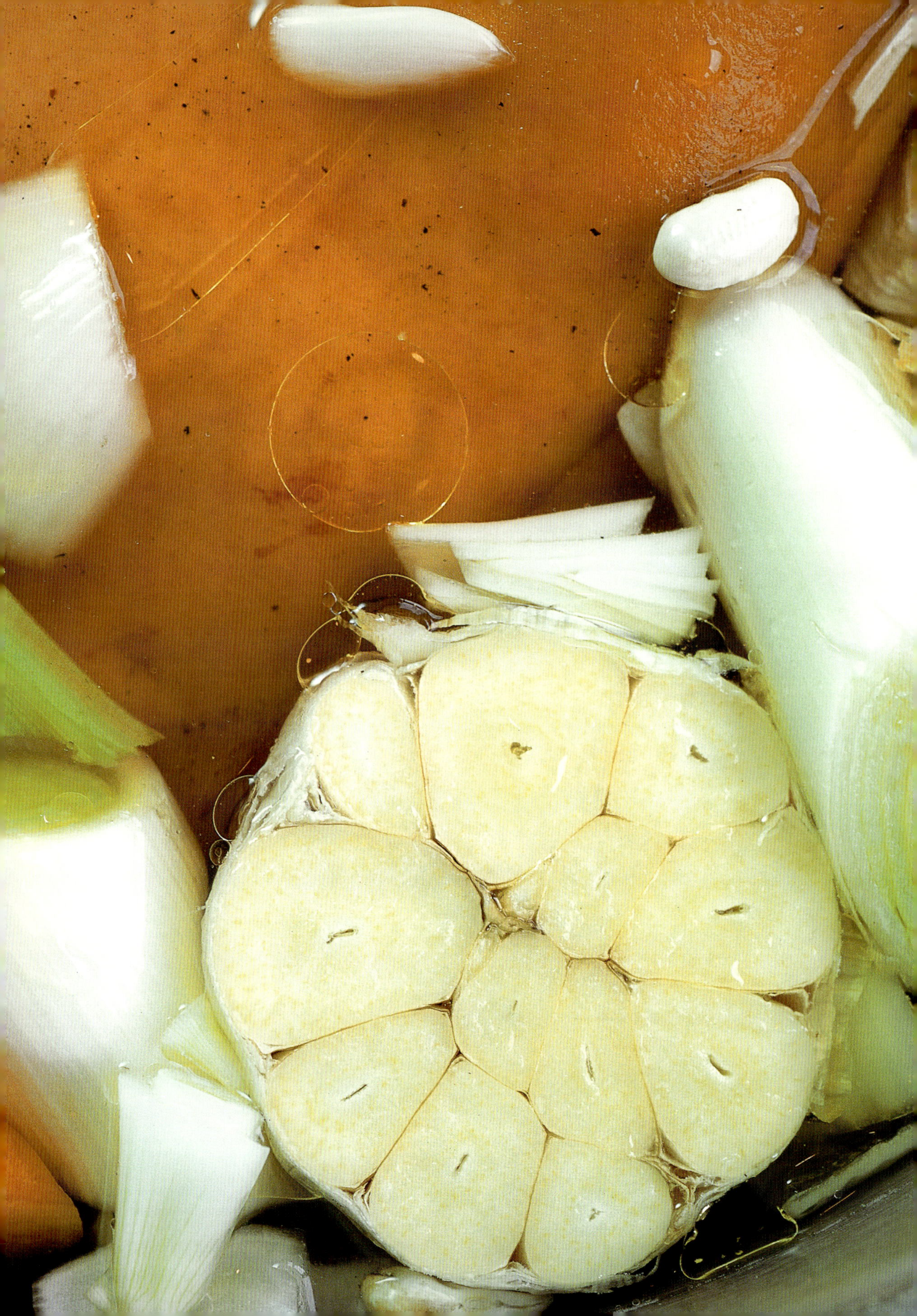

potage de ham hocks
COM FEIJÃO-BRANCO

Para 10 pessoas

4 *ham hocks* (extremidade do pernil defumado do porco entre o tornozelo e a canela)
1 cabeça de salsão (aipo) picada finamente
2 alhos-porós picados finamente
2 cenouras fatiadas finamente
2 aipos-rábanos cortados à *julienne*
2 cabeças de alho cortadas ao meio horizontalmente
2 punhados de salsa, folhas e talos separados
4 folhas de louro
8 ramos de tomilho
½ colher (chá) de sementes de coentro moídas na hora
sal marinho e pimenta-do-reino
2 litros de caldo de galinha
850 g de feijão-manteiga em conserva escorrido (ou o equivalente de acordo com a embalagem que encontrar no mercado)
um punhado de ramos de cerefólio picados

Um dia antes, coloque os *ham hocks* em duas panelas grandes e cubra-os com água fria. Deixe-os de molho na geladeira a noite toda.

No dia seguinte, jogue fora a água e ponha a carne de volta nas panelas. Adicione metade dos vegetais, o alho, os talinhos da salsa, o louro, o tomilho e as sementes de coentro em cada panela e tempere com pimenta-do-reino.

Despeje metade do caldo de galinha em cada panela e complete com água, se necessário, para cobrir os *ham hocks*. Leve à fervura, diminua o fogo, tire a espuma e deixe cozinhar em fervura baixa por 2 horas. Mantenha-os nas panelas até que esfriem.

Ponha os ham hoks em uma tábua e, com cuidado, remova o couro. Tire as ervas do caldo. Separe a carne do osso, corte-a em bocados e leve de volta às panelas. Pique as folhas de salsa.

Adicione o feijão-manteiga às panelas e leve à fervura, depois abaixe o fogo. Tempere a gosto e ferva de novo, por cerca de 10 minutos. Sirva em pratos aquecidos, com a salsa e o cerefólio picados.

berinjelas à moda persa

Para 10 pessoas

5 berinjelas

200 g de arroz basmati lavado

sal marinho e pimenta-do-reino

2 cebolas em cubos pequenos

400 g de tomates-cerejas divididos ao meio

120 g de pinólis levemente tostados

1 colher (chá) de pimenta-da-jamaica moída

2 colheres (sopa) de salsa picada

8 colheres (sopa) de óleo de oliva

Corte as berinjelas ao meio no comprimento, depois faça cortes diagonais em sua polpa com uma faca afiada, com cuidado para não perfurar. Retire gentilmente a polpa com uma colher, deixando uma casca de 1 cm de espessura. (Reserve metade da polpa e guarde a sobra para outra receita).

Cozinhe o arroz em água fervente salgada por cerca de 15 minutos, ou até ficar tenro. Escorra-o em seguida e enxágue com água fria. Escorra bem o arroz e passe-o para uma tigela grande.

Corte em cubos a polpa de berinjela reservada e adicione ao arroz com as cebolas, os tomates, os pinólis, a pimenta-da-jamaica e a salsa. Misture e tempere com sal e pimenta-do-reino. Despeje metade do óleo de oliva e mexa bem. Tampe e deixe em temperatura ambiente por 30 minutos para que os sabores se misturem. Aqueça o forno a 190°C.

Divida a mistura cozida pelas cascas de berinjela, enchendo-as até quase a metade. Borrife-as com o restante do óleo de oliva e asse por 12–14 minutos, ou até que fiquem brilhantes e o recheio comece a dourar. Sirva quente.

batatas à boulangère

Para 10 pessoas

uma bolota de manteiga para untar
8 colheres (sopa) de óleo de oliva
4 chalotas grandes picadas finamente
8 batatas grandes (desirée) descascadas
sal marinho e pimenta-do-reino
800 ml de caldo de galinha
10 fatias finas de *bacon* defumado, sem o couro

Aqueça o forno a 190°C. Corte 10 quadrados de 20 cm de papel-manteiga e unte ligeiramente com manteiga o centro de cada quadrado.

Aqueça metade do óleo de oliva em uma frigideira média, adicione as chalotas e cozinhe-as em fogo baixo por cerca de 12 minutos, ou até ficarem macias.

Fatie finamente as batatas. Acomode metade das fatias de batata, sobrepondo-as, para cobrir grosseiramente um círculo de 10 cm no centro do quadro de papel-manteiga. Distribua as chalotas uniformemente sobre as batatas e tempere-as com sal e pimenta-do-reino. Cubra tudo com o restante das fatias de batata, sobrepondo-as novamente.

Transfira as camadas de batata para uma assadeira rasa, levantando as bordas do papel ao redor das batatas.

Leve o caldo à fervura e despeje-o com cuidado ao redor da batata. Pincele o topo do bolo de batata com o restante do óleo de oliva e asse-o por 25–35 minutos, até as batatas ficarem tenras e coradas.

Euquanto isso, estenda as fatias de bacon lado a lado em uma chapa de assar e ponha outra chapa por cima para achatá-las. Asse o *bacon* em uma grade acima das batatas, durante os 10 minutos finais, até tostar.

Cubra cada bolo de batata com uma fatia de *bacon* crocante e sirva no papel-manteiga.

torta de noz-pecã
COM UMA CROSTA DE CANELA

Para 10 pessoas

300 g de massa de canela (veja à direita)

Recheio:

2 batatas-doces esfregadas

50 g de açúcar mascavo *light*

50 g de açúcar superfino

½ ovo caipira batido

25 ml de creme duplo

25 g de manteiga sem sal

1 colher (chá) de extrato de baunilha

¼ de colher (chá) de canela moída

uma pitada de especiarias mistas moídas

uma pitada de noz-moscada ralada na hora

Cobertura:

150 g de açúcar mascavo

75 ml de melado de cana

1½ ovo caipira batido

30 g de manteiga sem sal

2 colheres (chá) de extrato de baunilha

uma pitada de canela em pó

250 g de nozes-pecãs divididas ao meio

Aqueça o forno a 190°C. Asse as batatas-doces por 30–40 minutos ou até ficarem tenras.

Abra a massa o mais finamente possível e use-a para forrar uma forma de 20 x 20 cm com 5 cm de profundidade. Pressione bem na parte lateral interna da forma e deixe o excesso de massa ultrapassar a borda. Forre com papel-manteiga, encha com feijão ou arroz secos e ponha na geladeira por 20 minutos. Em seguida, asse por 10 minutos, tire do forno, remova o papel-manteiga, o feijão ou o arroz e deixe esfriar. Reduza a temperatura do forno para 160°C.

Divida ao meio as batatas-doces e retire a polpa, colocando-a no processador. Adicione os açúcares, o ovo, o creme, a manteiga, a baunilha e as especiarias. Processe até obter uma mistura homogênea.

Com uma faca, apare o excesso de massa ao nível da forma. Despeje nela o recheio de batata-doce.

Para a cobertura, bata em uma tigela o açúcar, o melado, o ovo, a manteiga, a baunilha e a canela, usando um misturador, até obter uma pasta homogênea. Distribua igualmente a mistura sobre o recheio.

Acomode as nozes-pecãs em cima, pressionando-as para baixo. Asse por 1¾ hora, ou até que uma faca enfiada no recheio saia limpa. Deixe esfriar na forma.

Sirva cortada em cunhas regadas com creme de nata.

massa de canela Ponha no processador de alimentos 300 g de farinha, uma pitada de sal, ½ colher (chá) de canela moída, 15 g de açúcar superfino e 150 g de manteiga esfriada em cubos e bata até que a mistura fique parecida com farinha de rosca. Adicione uma gema de ovo caipira pequeno e 1–2 colheres (chá) de água fria e bata por 30 segundos. Continue a adicionar água, aos poucos, e bata novamente até obter uma massa homogênea. Coloque-a em uma superfície levemente enfarinhada e amasse-a gentilmente até ficar lisa. Embrulhe-a com filme plástico e deixe-a descansar na geladeira por 30 minutos antes de abrir.

maçãs assadas inteiras
COM CRANBERRY SECO E UVAS-PASSAS

Para 10 pessoas

10 maçãs bramleys (maçãs verdes) grandes

125 g de *cranberries* secos (ou de passas de mirtilo ou de damasco)

125 g de uvas-passas sem caroço

cascas de 2 laranjas, raladas finamente

100 ml de Cointreau

125 g de açúcar demerara

125 g de manteiga sem sal

300 ml de creme duplo

Aqueça o forno a 200°C. Com um descaroçador de maçãs ou uma faca afiada, remova o miolo das maçãs (você deve retirar um cilindro de cerca de 2,5 cm de diâmetro). Com uma faca afiada, faça leves incisões em toda a casca de cada maçã, para evitar que se rompa dentro do forno.

Em uma tigela pequena, misture os *cranberries*, as uvas-passas, a casca de laranja, o Cointreau e o açúcar.

Coloque as maçãs em um recipiente apropriado para ir ao forno e encha as cavidades com a mistura de *cranberries*. Cubra cada uma com uma bolota de manteiga. Asse as maçãs por 35–40 minutos ou até ficarem coradas por fora e macias por dentro.

Despeje um pouco de creme no centro de cada maçã e sirva imediatamente.

"Bramleys são minha primeira escolha aqui, mas você pode usar qualquer outra boa maçã ácida. Experimente fazer com diferentes recheios, adicionando castanhas, se preferir. Tente manga seca e noz-pecã ou abacaxi seco e macadâmia"

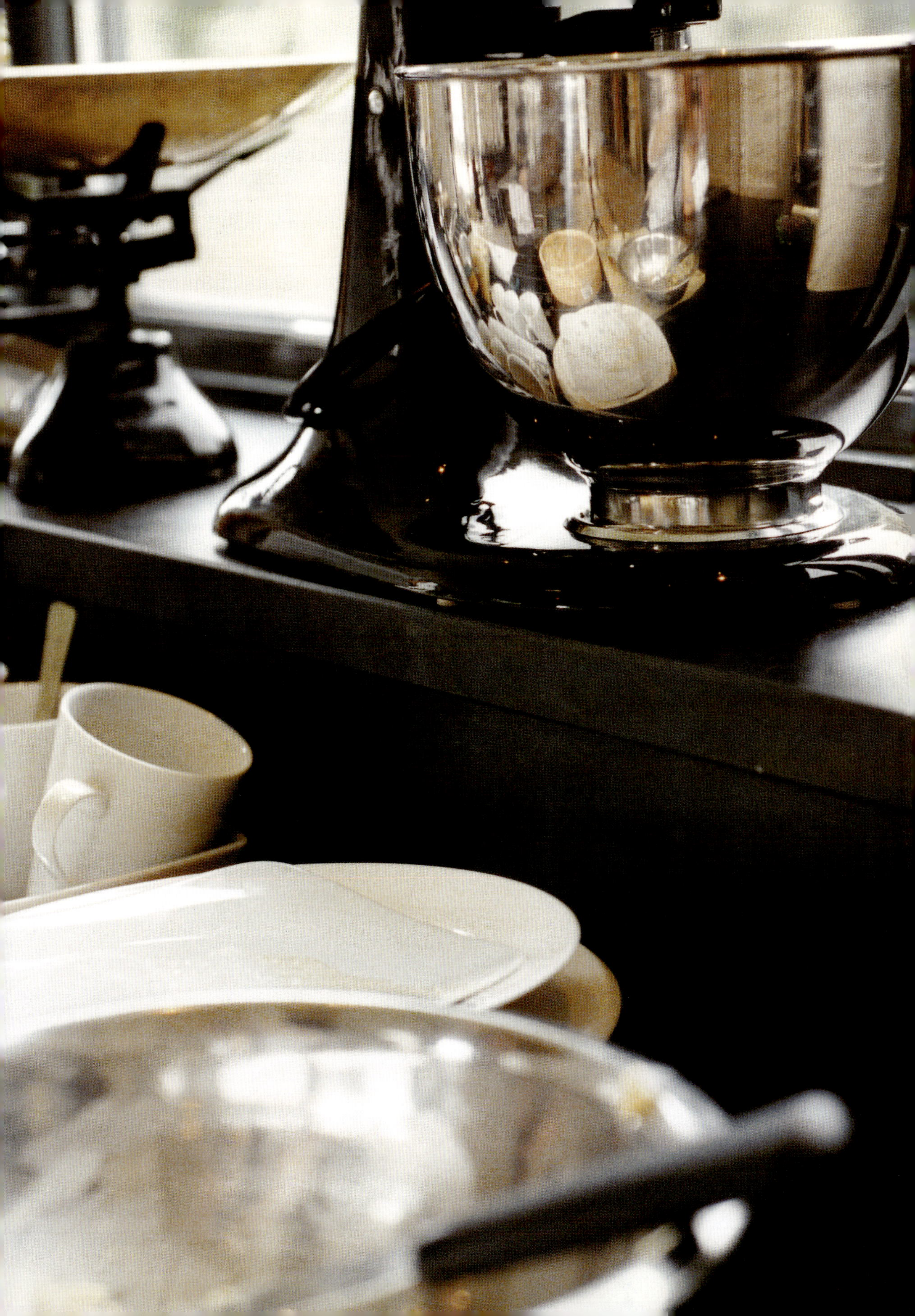

minha despensa e
meus utensílios

A chave para uma cozinha doméstica bem-sucedida é a boa qualidade dos utensílios e uma despensa diversificada. Você não precisa de uma lista imensa de itens, mas é fundamental ter os utensílios básicos. Da mesma forma, uma boa despensa, com todos os ingredientes secos essenciais, ajuda a cozinhar rapidamente. Considero minhas preparações básicas – caldos, vinagretes e caldas – como reservas também essenciais. Com os melhores ingredientes e os utensílios adequados, é fácil fazer comida de qualidade.

minha despensa

sal marinho e pimenta-do-reino moídos na hora figuram em todas as minhas receitas, mas é preciso qualidade. Uma comida pode ser arruinada se você a temperar com sal de gosto amargo ou uma pimenta-do-reino áspera. Por sua pureza, uso o sal marinho francês, feito da espuma da onda em vez da água do leito do mar. Invista em moedores de sal e pimenta-do-reino robustos e moa na hora de usar. (N. do T.: Se você não encontrar o sal marinho francês preferido do autor, é indispensável usar o melhor sal marinho que encontrar.)

Especiarias precisam ser conservadas frescas, em potes selados, longe da luz direta. Compre-as conforme necessitar, pois seu sabor se deteriora com o tempo. Muitas lojas de alimentos asiáticos e de outras especialidades vendem especiarias por peso, então você pode comprar pequenas quantidades. Nos restaurantes, usamos as seguintes especiarias diariamente: sementes de coentro (moídas na hora), bagas de zimbro, anis-estrelado, curry em pó, páprica defumada (a espanhola é minha preferida), vagens de cardamomo, sementes de alcaravia, cominho moído, cravos-da-índia inteiros, noz-moscada (ralada na hora), flocos de macis, cúrcuma e o indispensável açafrão. Quando comprar açafrão, procure os de fios longos, de forte coloração, e não se assuste com o preço – é preciso muito pouco para obter cor e sabor. Não fique tentado pelo pó, que é menos caro, mas bem inferior.

Vinagres são usados para diluir o "glacê" que se forma no fundo das panelas, bem como para aromatizar vinagretes, molhos e cremes. Usamos vinagre de xerez, vinagre balsâmico (bem envelhecido), vinagre de vinho branco e de Cabernet Sauvignon – uma variedade de vinho tinto robusto e saboroso.

Óleos precisam ser escolhidos com cuidado, para garantir que sua intensidade e sabor sejam apropriados à determinada receita. O sabor de um bom óleo não pode se sobrepor ao da comida. Por isso, em meu vinagrete uso óleo de amendoim para atenuar o sabor do óleo de oliva extravirgem. Gosto de manter uma seleção de óleos para diferentes propósitos, incluindo o de girassol e o de amendoim. Uso o óleo de oliva extravirgem para molhos e um óleo de oliva leve para frituras. Óleos de amêndoa ou de gergelim dão sabor especial a molhos para salada, enquanto um borrifo de óleo de trufa dará um toque superior a um creme ou a uma sopa.

Molhos e condimentos são usados para dar sabor. Os mais importantes são molho de soja, *tabasco*, extrato de tamarindo, molho de ostra, *Worcestershire* (molho inglês), mostardas (de grãos inteiros, Dijon ou inglesa) e ketchup ... nenhuma cozinha pode ficar sem ele!

O arroz é um ingrediente indispensável e sempre tenho vários tipos em estoque, para diferentes propósitos. Para risoto, prefiro o camaroli, mas, se não o encontrar, pode usar o arbóreo. Gosto também do aromático thai jasmim e do indiano basmati. Para o arroz-doce, há o de tipo curto. É essencial usar o tipo certo.

Chocolate para sobremesas tem de ser sempre da melhor qualidade. Quando você for comprar chocolate escuro, veja se tem no mínimo 70% de cacau. Também usamos chocolate ao leite ou chocolate branco, porém em menor quantidade.

Destilados e vinhos são usados para acentuar o sabor dos meus molhos e sobremesas. Sou a favor de um bom conhaque, Madeira, Noilly Prat e kirsch na cozinha. Claro, também uso vinho tinto e branco para cozinhar, mas aconselho a abri-lo na hora que for usar. Não use vinho que foi deixado durante dias em um armário – ele poderá arruinar o sabor de um prato.

Outros ingredientes essenciais são as farinhas, para pães e massas, araruta, açúcares (refinado, de confeiteiro, demerara, cristal), mel, xarope de glucose, frutas secas e folhas de gelatina. Também temos potes de alcaparras, boas anchovas e azeitonas. Alguns ingredientes, como castanhas em geral, devem ser comprados somente quando for para usar, porque se estragam com maior rapidez.

básicos

Há alguns poucos ingredientes que fazem a diferença no sabor de um prato – especialmente se estocados frescos. Guarde-os na geladeira em porções (por 5 dias) ou no *freezer* (por 3 meses).

Caldo de galinha Ponha 1 cenoura picada, 1 cebola picada, 2 talos de salsão (aipo) fatiados e 1 alho-poró fatiado em uma panela grande com 2 colheres (sopa) de óleo de oliva e cozinhe em fogo médio até dourar. Adicione 1 ramo de tomilho, 1 folha de louro, 3 dentes de alho descascados, 2 colheres (sopa) de purê de tomate e 2 colheres (sopa) de farinha de trigo. Cozinhe por alguns minutos, mexendo. Adicione 1 kg de ossos de frango crus, cubra com água fria e tempere levemente. Leve à fervura e retire a espuma. Cozinhe por 1 hora em fogo baixo e passe tudo no *chinois*. Acerte o tempero. Faz cerca de 1,5 litro.

Caldo de galinha escuro Usado para obter sabor marcante. Siga a receita acima, assando os ossos a 200°C por 20 minutos antes de adicioná-los.

Caldo de peixe Este é fácil de fazer, usando as partes aparadas do peixe ou então carapaças de caranguejos ou de lagostas. Aqueça 2 colheres (sopa) de óleo em uma panela grande. Adicione ½ de uma cebola picada, ½ de um talo de salsão (aipo) fatiado e 1 fatia de erva-doce (funcho) picada e cozinhe até ficar macio mas não corado. Junte 1 kg de aparas de peixe (espinhas e cabeças), um copo de vinho branco e água para cobrir. Leve à fervura, tempere e cozinhe em fogo baixo por 20 minutos. Passe pelo *chinois* e acerte o tempero. Faz cerca de 1 litro.

Vinagrete clássico Ponha em uma tigela 100 ml de óleo de oliva extravirgem, 100 ml de óleo de amendoim, 3 colheres (sopa) de vinagre de vinho branco, um pouco de limão (a gosto), 1 colher (sopa) de água, sal e pimenta-do-reino. Bata tudo usando um batedor manual. Deixe na geladeira até precisar. Agite bem antes de usar.

Calda de açúcar Ponha em uma panela 550 g de açúcar cristal, 1 litro de água fria e a casca ralada de 1 limão. Dissolva o açúcar em fogo baixo, depois ferva por 5 minutos. Deixe esfriar e coloque a calda em um recipiente apropriado, vede e guarde na geladeira.

utensílios

É importante ter utensílios de boa qualidade para cozinhar com sucesso. Quando compro algum, escolho primeiramente pela praticidade e finalidade. Todos os utensílios da minha cozinha são funcionais. Também busco qualidade, durabilidade e, sobretudo, o melhor pelo menor preço – não compro, necessariamente, o mais caro. Praticidade para guardar e estilo são outras considerações essenciais. Um belo pilão de granito, por exemplo, pode ser tanto um enfeite na cozinha como um prazeroso instrumento de trabalho.

Facas são o primeiro item dos utensílios com que me preocupo. O mais importante é que a lâmina esteja, em toda a extensão, em linha reta com o cabo, e que a faca tenha um balanço equilibrado. Um dos primeiros truques ensinados na escola de *catering* é balançar a faca no dedo indicador da mão com a qual se trabalha. Ela precisa balançar na parte onde a lâmina encontra o cabo, o que indica que a faca terá um bom movimento ao ser usada.

Há três tipos principais de aços: o francês, o alemão e o japonês, todos com prós e contras. O aço francês é macio, o que facilita a afiação, mas também o torna mais vulnerável a danos e ao desgaste. O alemão é duro e exige mais perícia para afiar, mas, uma vez que você consiga um bom gume, ele durará mais tempo. O aço japonês é semelhante ao alemão em dureza, muito mais leve (o que não é conveniente para qualquer um) e tem grande estilo.

A escolha é uma decisão pessoal, mas o mais importante é que a faca tenha um manuseio confortável. Compre facas de qualidade e elas durarão por muito tempo. Com o tempo, você colecionará outras facas para diferentes usos, mas, para começar, aconselho a comprar o seguinte:

- uma faca para aparar e desbastar, com lâmina de 5-7 cm;
- uma para cortar ou faca de cozinha, com lâmina de 20 cm;
- uma faca de cozinha, com lâmina flexível de 15 cm;
- uma faca serrilhada, com lâmina de 25 cm.

Outras facas para fins específicos incluem as apropriadas para lidar com ostras, que têm lâmina curta com um escudo de proteção, e uma pequena faca com lâmina curva, usada para cortar vegetais arredondados.

Facas precisam ser mantidas afiadas. Facas cegas são perigosas, porque tendem a derrapar no alimento que você está cortando e ir direto para os dedos. Use um afiador manual de aço para manter o gume da faca afiado e, de vez em quando, use uma pedra de afiar.

Panelas são a compra mais importante a seguir. Nos restaurantes, usamos uma grande variedade de panelas, cada uma para um fim específico. Panelas de fundo grosso, antiaderentes, são os burros de carga da cozinha e nós as usamos para qualquer preparação, de risotos a frutas caramelizadas.

Um bom início é uma panela pequena, de 2 litros, uma média, de 3 a 4 litros, e uma grande, de 6 a 8 litros, todas com tampas bem ajustadas, mais uma caçarola oval, que pode ser usada tanto no fogo quanto no forno. Você também precisará de uma frigideira de ferro fundido e outra de boa qualidade; idealmente, uma que possa ser usada também no forno acima de 200°C.

Boas panelas podem durar a vida inteira. A "construção" da panela é a chave da questão. Escolha as panelas pesadas, com uma boa base condutora de calor, como as de cobre ou de alumínio, forradas com aço inoxidável por dentro. Escolha as de cabo comprido e refratário ao calor e fechadas com rebites e aço inoxidável.

Entre as outras panelas que uso regularmente, incluo a de saltear, com lados inclinados, perfeitas para reduzir caldos e molhos, e uma panela que parece uma xícara de *capuccino*, ideal para molhos que têm manteiga e outros ingredientes misturados. Sou particularmente apaixonado pela minha bateria de panelas de cobre, que funcionam muito bem e são vistosas.

Embora vegetais e frutas possam ser fatiados bem finos com uma faca afiada, há poucos *chefs* que têm destreza para fatiar com a precisão de um **cortador de legumes.** Nós o usamos no dia a dia. Pode ser de aço inoxidável, madeira ou plástico, com diferenças de qualidade, mas o mais importante é a afiação das lâminas. Sou apaixonado pelos cortadores de legumes japoneses, que têm uma armação de plástico e não são tão caros.

O chinois é constantemente usado em minha cozinha para coar caldos, cremes, etc. Trata-se de um coador cônico, com pequenas perfurações, disponível em diversos tamanhos. Prefira um *chinois* de aço inoxidável, com um cabo comprido e um pequeno gancho do lado oposto, de forma que possa ser apoiado nas bordas de tigelas ou panelas fundas.

O espremedor de legumes é outro utensílio valioso, usado para fazer purê de batata, sopas e cremes. Feito de aço inoxidável, o espremedor vem com 2 ou 3 discos com furos de tamanhos diferentes. O espremedor funciona quando se gira um cabo ligado a uma lâmina semicircular que força a passagem do alimento pelos discos perfurados.

Outra ferramenta chave é o **maçarico de cozinha**, usado para caramelizar açúcar, como num creme *brûlée*, e também para desenformar sobremesas congeladas. Aplique o maçarico na parte externa de uma forma com furo e a sobremesa se destacará facilmente.

Pequenos utensílios que não podem faltar: um **descascador de vegetais** giratório, um **zester** (para extrair tiras finas das cascas dos cítricos), **estiletes de aço inoxidável** (para cortar massas e biscoitos) e, por fim, dois bons **pincéis** (um para pincelar óleo, outro para ovo batido) e **pinças de cozinha** fortes (para remover espinhas avulsas de peixes ou canhões da pele de aves).

Para garantir precisão, aconselho as **balanças digitais**, que são fáceis de usar e permitem pesar os ingredientes diretamente em uma tigela ou panela. Sugiro que você tenha duas jarras com escalas de medidas (de tamanhos diferentes). Você também precisará de um **termômetro para açúcar** (para caldas e caramelos) e um **termômetro de forno** para controlar a temperatura do forno.

Um bom **processador de alimentos** é essencial. Compre um modelo possante. Uso o processador principalmente para massas de biscoito, torta, bolo e outros doces.

Um possante **liquidificador** é a chave para obter sopas aveludadas, purês de frutas, chantili, etc. Uma **mixer** é um utensílio apropriado para sopas e cremes, já que pode ser usado diretamente na panela ou na tigela. É imperativo que seja forte e durável, com pelo menos duas velocidades.

Uma **batedeira elétrica manual** é essencial para misturar ovos, massas levedadas, etc; mas você também poderá querer investir em uma batedeira grande, se for fazer muita massa. Outros pequenos aparatos que você pode comprar são uma **máquina de fazer massas**, um **espremedor elétrico** e uma **sorveteira**.

Índice

abacaxi: abacaxi assado no sal, 222
  piña colada, 159
abóbora: abóbora baby recheada, 83
  "pizza" de abóbora em massa folhada com sálvia e queijo cheddar defumado, 47
abobrinha: perca selvagem com flor de abobrinha, 147
abricó: pudim de abricó no vapor, 87
  tagine de cordeiro, 232
agrião: filé-mignon assado e esfriado com fondant de agrião e beterraba, 233
aipo rábano: abóbora baby recheada, 83
alcachofra-de-jerusalém: abóbora baby recheada, 83
  salada de frango morna com alcachofras-de-jerusalém, espinafre e bacon, 57
alcatra de cordeiro com aroma de molho de alecrim, 212
alecrim: alcatra de cordeiro com aroma de molho de alecrim, 212
  galette de batata com alecrim, 82
alface: galinha-d'angola com favas, alface e bacon, 182
  salada de enguia defumada com bacon e batata sauté
  sanduíche de carne de porco com pão sourdough
  sanduíche de sardinhas frescas grelhadas com salada de batata e crème fraîche, 38
  satay de porco na alface com molho de amendoim, 157
  vieiras crestadas e alface no pão rústico, 34
alho: camarão-tigre na brasa com alho, chilli e capim-cidreira, 95
  chateaubriand para dois, 216-17
  linguado bourguignon, 174-7
  steaks na brasa com molho picante de pimentão vermelho, 100
alho-poró: truta com alho-poró baby com batata amassada e manteiga de tomate, 209-11
amêijoa: amêijoas com girolles, 172
  sopa de amêijoas com funcho-do-mar, 200
amendoim, molho: satay de porco na alface com molho de amendoim, 157
amora-preta: maçãs e peras assadas na panela com calda de amoras-pretas, 88

anis-estrelado: erva-doce na brasa com pernod e anis-estrelado, 108
arroz, 247
  berinjelas à moda persa, 238
  risoto de cogumelos silvestres, 43
asas de frango ao limão e pimenta com salada de cuscuz, 97
aspargo: aspargos no vapor com orange hollandaise, 202-3
atum: atum crestado com ervas, 150
aveia: barra de cereais com frutas e mel, 131
avocado: confit de truta com sauce mousseline, 173
  salada de camarão-tigre com manga e avocado, 206
  wrap de tortilha com frango e avocado, 37

bacalhau: bacalhau à moda catalã, 231
  bacalhau com tomates e batatas ao forno, 60
bacon: batatas à boulangère, 239
  café-da-manhã inglês, 21
  coxa de frango enrolada com bacon recheada com carne de porco e pistaches, 178
  faisão assado com repolho cremoso e bacon, 69
  fusilli com bacon e ervilhas, 122
  galinha-d'angola com favas, alface e bacon, 182
  linguado bourguignon, 174-7
  salada de enguia defumada com bacon e batatas sauté, 48
  salada de frango morna com alcachofras-de-jerusalém, espinafre e bacon, 57
bagel tostado com presunto serrano e tomates grelhados, 24
balanças digitais, 251
banana: banana split, 130
  smoothie de banana e maracujá, 28
barra de cereais, com frutas e mel, 131
barriga de porco com sálvia e tomilho, 80
batata: bacalhau com tomates e batatas ao forno, 60
  batatas à boulangère, 239
  batatas ao forno, 125
  batatas chips, 125
  batatas fondant, 190-1
  bolinhos de salmão, 120-1
  bubble and squeak com salmão defumado, 20
  café-da-manhã do campo, 13
  fondant de batatas, 190-1
  galette de batata com alecrim, 82
  salada de enguia defumada com bacon e batata sauté, 48-9

sardinhas frescas grelhadas com salada de batata e crème fraîche, 38-9
sopa de batata e frisée com estragão, 164
sopa de frutos do mar, 230
truta com alho-poró baby com batata amassada e manteiga de tomate, 209
batata-doce: torta de noz-pecã com crosta de canela, 240
bebidas: coquetéis, 158-9
  smoothie de banana e maracujá, 28
bellini, 158
berinjela: alcatra de cordeiro com aroma de molho de alecrim, 212
  berinjelas à moda persa, 238
  bolo de berinjela com tomates-cereja, manjericão e parmesão, 188
  filés de salmonete com ratatouille rústica, 62-3
beterraba: filé-mignon assado e esfriado com fondant de agrião e beterraba, 233
biscoitos de festa, 133
blinis de salmão defumado a quente com alcaparras, 138
bloody mary, 159
bolinhos de salmão, 120
brócolis, sopa de, 33
brunch e breakfast, 10-29
bubble and squeak com hadoque defumado, 20

café-da-manhã e brunch, 10-29
café-da-manhã inglês, 21
café-da-manhã no campo, 13
calda de açúcar, 248
caldos: caldo de galinha, 248
  caldo de peixe, 248
  caldo escuro de galinha, 248
camarão: camarões na farinha de rosca, 145
  camarões-tigre na brasa com alho, chilli e capim-cidreira, 95
  salada de camarão-tigre com manga e avocado, 206
canela: massa de canela, 241
  torta de noz-pecã com crosta de canela, 240
capim-cidreira: camarão-tigre na brasa com alho, chilli e capim-cidreira, 95
caramelo: torta de limão com cobertura caramelizada, 106
caranguejo: salada de caranguejo com molho de maracujá, 205
carne bovina: bife tártaro, 156
  canela de boi assada com nabo baby e ervilha-torta, 74

Índice

carpaccio de filé-mignon com rúcula e parmesão, 168
chateaubriand para dois, 216
fígado de vitelo com molho de pimenta-do-reino verde, 218
filé-mignon assado e esfriado com fondant de agrião e beterraba, 233
míni-hambúrguer da Meg, 124-5
steaks na brasa com molho picante de pimentão vermelho, 100
carpaccio de filé-mignon com rúcula e parmesão, 168
cebola: Chateaubriand para dois, 216-17
  minitortas tatin de cebola roxa caramelizada, 139
  tempurá de anéis de cebola, 142
cereal: barra de cereais com frutas e mel, 131
cereja: compota de cereja, 27
champanhe: Alexander, 158
  belinni, 158
  granita, 110
coquetel de morango, 158
chateaubriand para dois, 216-17
chinois, 250
chocolate: fondant de chocolate quente, 220-1
  kebabs de fruta com calda de chocolate, 127
  potinhos de chocolate com Grand Marnier, 193
chouriço: bacalhau à moda catalã
churrascos, 92-111
coentro: dumplings de coentro, 71
cogumelo: abóbora baby recheada, 83
  amêijoas com girolles, 172
  café-da-manhã inglês, 21
  café-da-manhã no campo, 13
  cogumelos grelhados com mascarpone, queijo azul e manjericão, 104
  linguado bourguignon, 174-7
  lombo de cordeiro recheado com espinafre, 76
  macarrão com queijo azul e cogumelos, 54-5
  risoto de cogumelos silvestres, 43
compota de cerejas, 27
condimentos, 246
confit de truta com sauce mousseline, 173
coquetéis, 158-9
cordeiro: alcatra de cordeiro com aroma de molho de alecrim, 212
  costeletas de Barnsley com molho de hortelã fresca, 102
  lombo de cordeiro recheado com espinafre, 76
  tagine de cordeiro, 232

cortador de legumes, 250
costeletas de Barnsley com molho de hortelã fresca, 102
  crème fraîche: sardinhas frescas grelhadas com salada de batata e crème fraîche, 38-9
  torta de espinafre cremosa, 81
  omelete aberta de salmão defumado e crème fraîche, 40
crostini de abóbora assada com pancetta, 141
cuscuz: asas de frango ao limão e pimenta com salada de cuscuz, 97
  lombo de porco no presunto com cuscuz assado, 186

destilados, 247
dumplings de coentro, 71

enguia: salada de enguia defumada com bacon e batata sauté, 48
erva-doce: erva-doce na brasa com pernod e anis-estrelado, 103
  sopa de erva-doce com linguiça merguez, 226
  sopa de frutos do mar, 230
  truta marinha com alho-poró baby com batata amassada e manteiga de tomate, 209
ervilhas: fusilli com bacon e ervilhas, 122
espaguete com lagosta em molho de tomate cremoso, 50-1
especiarias, 248
espinafre: linguado bourguignon, 174-7
  lombo de cordeiro recheado com espinafre, 76-7
  salada de frango morna com alcachofras-de-jerusalém, espinafre e bacon, 57
  torta de espinafre cremoso, 81
espremedor de legumes, 251

facas, 249
faisão assado com repolho cremoso e bacon, 69
família e amigos, 58-91
fast food, 30-57
fava: galinha-d'angola com favas, alface e bacon, 182
feijão: potage de ham hock com feijão-branco, 237
  sopa de erva-doce (funcho) com molho de linguiça merguez, 226-7
  sopa de vegetais em pedaços, 115
fígado: de vitelo com molho de pimenta-do-reino verde, 218
filé-mignon: carpaccio de filé-mignon com rúcula e parmesão, 169

filé-mignon assado e esfriado com fondant de agrião e beterraba, 233
filés de salmonete com ratatouille rústica, 62-3
flor de abobrinha: perca selvagem com flor de abobrinha, 147
folha de bananeira: pargo inteiro na brasa em folhas de bananeira com pimenta vermelha, 96
framboesa: pêssego melba, 219
  trifle do Gordon, 86
frango: asas de frango ao limão e pimenta com salada de cuscuz, 97
  coxa de frango enrolada com bacon recheada com e pistaches, 178
frango na caçarola com dumplings de coentro, 71
  salada de frango morna com alcachofras-de-jerusalém, espinafre e bacon, 57
  wrap de tortilha com frango e avocado, 37
fruta: barra de cereais com frutas e mel, 131
  kebabs de fruta com calda de chocolate, 127
  pirulitos de iogurte com fruta
  veja também tipos individuais de frutas
funcho, veja erva-doce
funcho-do-mar: sopa de amêijoas com funcho-do-mar, 200
fusilli com bacon e ervilhas, 122

galinha: caldo de, 248
  caldo escuro de, 248
  galinha-d'angola com favas, alface e bacon, 182
gallete de batata com alecrim, 82
groselha: salada de morango de verão com granita de champanhe, 110

hadoque: bubble and squeak com hadoque defumado, 20
hambúrguer: míni-hambúrguer da Meg, 124
hortelã: costeletas de Barnsley com molho de hortelã fresca, 124-5
  pannacotta de limão em infusão de hortelã e tequila, 194

ingredientes, 246-7
iogurte: pirulitos de iogurte com fruta, 126
  smoothie de banana e maracujá, 28
  wrap de tortilha com frango e avocado, 37

jantar festivo: jantar para dois, 196-223
jantares posh, 162-95

Índice

javali: linguiça de javali com molho chianti, 98-9
kebabs de fruta com calda de chocolate, 127
kedgeree de salmão, 14-15

lagosta: espaguete com lagosta em molho de tomate cremoso, 50-1
lagosta à termidor, 170-1
laranja: aspargos no vapor com orange hollandaise, 201
compota de cerejas, 27
limão: asas de frango ao limão e pimenta com salada de cuscuz, 97
filé de linguado com erva-doce e limão, 208
torta de limão com cobertura caramelizada, 106-7
limão taiti: pannacotta de limão em infusão de hortelã e tequila, 194
salada de camarão-tigre com manga e avocado, 206
linguado: filé de linguado com erva-doce e limão, 208
linguado bourguignon, 174
linguiça: bacalhau à moda catalã, 231
café-da-manhã inglês, 21
coxa de frango enrolada com bacon e recheada com linguiça e pistaches, 178
linguiça de javali com molho chianti, 98-9
sopa de erva-doce (funcho) com linguiça merguez, 226
linguiça merguez: sopa de erva-doce (funcho) com linguiça merguez, 226
liquidificadores, 250
lombo de cordeiro recheado com espinafre, 76

maçarico de cozinha, 250
macarrão com queijo azul e cogumelos, 54-5
maçã: maçãs assadas inteiras com cranberry seco e uvas-passas, 242
maçãs e peras assadas na panela com calda de amoras-pretas, 88
manga: salada de camarão-tigre com manga e avocado, 206
sopa de nabo com pitus e manga, 165-7
maracujá: parfait de maracujá, 192
salada de caranguejo com molho de maracujá, 205
smoothie de banana e maracujá, 28
mascarpone: cogumelos grelhados com mascarpone, queijo azul e manjericão, 104
lombo de cordeiro recheado com espinafre, 76

massa: espaguete com lagosta em molho de tomate cremoso, 50-1
fusilli com bacon e ervilhas, 122
macarrão com queijo azul e cogumelos, 54-5
massa de confeitaria: massa de canela, 141
massa de pudim, 108
mel: barra de cereais com frutas e mel, 131
pão temperado, 25
pêssego melba, 219
mexilhão: bacalhau à moda catalã, 231
sopa de frutos do mar, 230
míni-hambúrguer da Meg, 124-5
minitortas tatin de cebola roxa caramelizada e queijo de cabra, 139
molhos e salsas: manteiga de tomate, 209-11
molho chianti, 98-9
molho de amendoim, 157
molho de soja, 144
molho de tomate cremoso, 50-1
molho picante de pimentão vermelho, 100
orange hollandaise, 202-3
sauce mousseline, 173
morango: banana split, 130
coquetel de morango com champanhe, 158
salada de morango de verão com granita de champanhe, 110
nabo: canela de boi assada com nabo baby e ervilha-torta, 74
peito de pato assado no forno com nabo caramelizado, 183
sopa de nabo com pitus e manga, 165
noodles: rolinhos primavera com shoyu, 144
noz-pecã: torta de noz-pecã com crosta de canela, 240

óleos, 247
omelete: omelete aberta de salmão defumado e crème fraîche, 40
orange hollandaise, 202-3
ostras Rockfeller, 199
ovo: café-da-manhã no campo, 13
café-da-manhã inglês, 21
kedgeree de salmão, 14
omelete aberta de salmão defumado e crème fraîche, 40
ovos mexidos sublimes na torrada, 18-19

pancetta: crostini de abóbora assada com pancetta, 141
panelas, 250

pannacotta de limão em infusão de hortelã e tequila, 194
pão, 35
café-da-manhã e brunch, 10-29
café-da-manhã inglês, 21
crostini de abóbora assada com pancetta, 141
pão temperado, 25
sanduíche de carne de porco com pão sourdough, 36
parfait de maracujá, 192
pargo inteiro na brasa em folhas de bananeira com pimenta vermelha, 96
pato: peito de pato assado no forno com nabo caramelizado, 183
pera: maçãs e peras assadas na panela com calda de amoras-pretas, 88
perca selvagem com flor de abobrinha, 147
pêssego: Bellini, 158
pêssego melba, 219
pimentão: alcatra de cordeiro com aroma de molho de alecrim, 212
filés de salmonete com ratatouille rústica, 62-3
steaks na brasa com molho picante de pimentão vermelho, 100
wrap de tortilhas com frango e avocado, 37
pimenta vermelha: asas de frango ao limão e pimenta com salada de cuscuz, 97
camarão-tigre na brasa com alho, chilli e capim-cidreira, 95
pargo inteiro na brasa em folhas de bananeira com pimenta vermelha, 96
piña colada, 159
pinólis: berinjelas à moda persa, 238
pirulitos de iogurte com fruta, 126
pistache: coxa de frango enrolada com bacon e linguiça recheada com pistaches, 178
pitu: sopa de nabo com pitus e manga, 165
pizza: "pizza" de abóbora em massa folhada com sálvia e queijo cheddar defumado, 47
pizza de tomate e muçarela, 116
polvo: polvo baby frito, 143
porco: barriga de porco assada com sálvia e tomilho, 80
lombo de porco no presunto com cuscuz assado, 186-7
sanduíche de carne de porco com pão sourdough, 36
satay de porco na alface com molho de amendoim, 157

Índice

potage de ham hock com feijão-branco, 237
potinhos de chocolate com Grand Marnier, 193
presunto: bagel tostado com presunto serrano e tomates grelhados, 24
  potage de ham hock com feijão-branco, 237
  presunto de Parma: vieiras em presunto de Parma com tamboril e alecrim, 148
processador de alimento, 250
pudim de abricó no vapor, 87

queijo: cogumelos grelhados com mascarpone, queijo azul e manjericão, 104
  carpaccio de filé-mignon com rúcula e parmesão, 168
  macarrão com queijo azul e cogumelos, 54-5
  "pizza" de abóbora em massa folhada com sálvia e queijo cheddar defumado, 47
  pizza de tomate e muçarela com várias coberturas, 116
  queijo de cabra: minitortas tatin de cebola roxa caramelizada e queijo de cabra, 139
  sanduíche de queijo quente, 123
  sopa de brócolis, 33

ratatouille: filés de salmonete com ratatouille rústica, 62
repolho: bubble and squeak com hadoque defumado, 20
  faisão assado com repolho cremoso e bacon, 69
risoto de cogumelos silvestres, 43
rolinhos primavera com nhoque, 144
rúcula: carpaccio de filé-mignon com rúcula e parmesão
rum: piña colada, 159

sal, 246
  abacaxi assado no sal, 222-3
salada: asas de frango ao limão e pimenta com salada de cuscuz, 97
salada de camarão-tigre com manga e avocado, 206
salada de caranguejo com molho de maracujá, 205
salada de enguia defumada com bacon e batata sauté, 48-9
salada de morango de verão com granita de champanhe, 110
sardinhas frescas grelhadas com salada de batata e crème fraîche, 38-9

salada de frango morna com alcachofras-de-jesusalém, espinafre e bacon, 57
salmão: bolinhos de salmão, 120-1
  kedgeree de salmão, 14-15
  truta selvagem (ou salmão) com alho-poró baby com batata amassada e manteiga de tomate, 209
salmão defumado: blinis de salmão defumado a quente com alcaparras, 138
  omelete aberta de salmão defumado e crème fraîche, 40
salmonete: filés de salmonete com ratatouille rústica, 62
  sopa de frutos do mar, 230
sálvia: barriga de porco assada com sálvia e tomilho, 80
  lombo de cordeiro recheado com espinafre, 76
sanduíche de carne de porco com pão sourdough, 36
sanduíche de queijo quente, 123
sardinhas frescas grelhadas com salada de batata e crème fraîche, 38
sauce mousseline, 173
smoothie de banana e maracujá, 28
sopa: sopa de amêijoas com funcho-do-mar, 200
  sopa de brócolis, 33
  sopa de erva-doce (funcho) com linguiça merguez, 226
  sopa de frutos do mar, 230
  sopa de nabo com pitus e manga, 165-7
  sopa de vegetais em pedaços, 115
sorvete: banana split, 130
  parfait de maracujá, 192
  pêssego melba, 219
steaks na brasa com molho picante de pimentão vermelho, 100

tagine de cordeiro, 232
tempurá de anéis de cebola, 142
termômetros, 250
tomate: asas de frango ao limão e pimenta com salada de cuscuz, 97
  bacalhau à catalã, 231
  bacalhau com tomates e batatas ao forno, 60
  bagel tostado com presunto serrano e tomates grelhados, 24
  berinjelas à moda persa, 238
  bolo de berinjela com tomates-cereja, manjericão e parmesão, 188
  café-da-manhã inglês
  espaguete com lagosta em molho de tomate cremoso, 50-1

filés de salmonete com ratatouille rústica, 62
kedgeree de salmão, 14-15
pizza de tomate e muçarela com várias coberturas, 116
salada de caranguejo com molho de maracujá, 205
tagine de cordeiro, 232
truta e alho-poró baby com batata amassada e manteiga de tomate, 209-11
wrap de tortilha com frango e avocado, 37
torta: minitortas tatin de cebola roxa caramelizada e queijo de cabra, 139
torta de espinafre cremoso, 81
torta de limão com cobertura caramelizada, 106
torta de noz-pecã com crosta de canela, 240
torta de peixe do Gordon, 66
trifle do Gordon, 86
truta: confit de truta com sauce mousseline, 173
  truta com alho-poró baby com batata amassada e manteiga de tomate, 209-11

utensílios, 249-50
uva-passa: maçãs assadas inteiras com cranberry e uvas-passas, 242

vegetais: canela de boi assada com nabo baby e ervilha-torta, 74
  filés de salmonete com ratatouille rústica, 62-3
  frango na caçarola com dumplings de coentro, 71
  potage de ham hocks com feijão-branco, 237
  sopa de vegetais em pedaços, 115
  vieira: vieiras crestadas e alface no pão rústico, 34
vieiras em presunto de Parma com tamboril e alecrim, 148
vinagres, 246
vinagrete clássico, 248
vinhos, 247

wrap de tortilha com frango e avocado, 37

agradecimentos do autor

Fácil a comida pode ser, mas, como qualquer um que me conhece bem pode dizer, não foi nada fácil chegar a este livro especial, que não teria sido possível sem a ajuda de pessoas importantes para mim: Mark Sargeant, que trabalhou ao meu lado durante tanto tempo que pode ser considerado um "quase-eu"; apreciei seu extraordinário apoio e entusiasmo contagiante; Jill Mead, pelas fotos brilhantes – mesmo esperando seu primeiro filho, nunca deixou de me surpreender –, sempre calma, imaginativa, perfeccionista; Helen Lewis, por dar à minha comida um novo visual, que a deixou muito atraente, sem intimidar; Janet Illsley, que revisa minhas receitas e minhas palavras para lhes dar um tom de sonho; Helen Tillot, por trabalhar horas a fio nas receitas; James, o subchef do Claridges, por sua dedicação e ajuda; e, é claro, Alison Cathie e Anne Furniss, da (editora) Quadrille, por acreditarem que teria capacidade de tornar minha comida acessível a todos.

Também sou grato à minha agente, Lynne Brenner, por ter garantido minha agenda frenética; a Chris Hutcheson, meu sogro, responsável pela Ramsay Holdings, que pegou no meu pé nos últimos dez anos para que, de cozinheiro, me transformasse no *chef* profissional que sou hoje; e, por último, mas não menos importante, à minha adorável Tana, que vai se tornando rapidamente uma *chef* por mérito próprio. E mando um grande abraço para Megan, Jack, Holly e Tilly.

Pela ajuda com as fotos, gostaria também de agradecer aos comerciantes do mercado Borough (Borough Market), em Londres; Brogdale Fruit Trust e David Pitchford, do Read's Reastaurant, ambos em Kent; e Richard Barker, da Fowlescombe Farm, e Andrew Hendy, da Ley Farm, em Devon.